55 fantastische Orte direkt vor der Tür

Weltreisen in
MÜNCHEN

Von Paris über Buenos Aires
bis nach Hawaii

Gundi Herget und Jens van Rooij

HOLIDAY

INHALTSVERZEICHNIS

Zentrum und Maxvorstadt

① St. Jakob am Anger – Santiago de Campostela, Spanien S. 6
② Marienplatz – Grand-Place, Brüssel S. 10
③ Viktualienmarkt – Naschmarkt, Wien S. 14
④ Altes Rathaus – Dhaka, Bangladesch S. 18
⑤ Mandarin Oriental – Marina Bay Sands, Singapur S. 22
⑥ Cuvilliés-Theater – Gran Teatro La Fenice, Venedig S. 26
⑦ Dianatempel – Buenos Aires, Argentinien S. 30
⑧ Odeonsplatz – Florenz, Toskana S. 34
⑨ Hofgarten – Cassis, Provence S. 38
⑩ Königsplatz – Akropolis, Athen S. 42
⑪ Alte Pinakothek – Musée du Louvre, Paris S. 46
⑫ Karolinenplatz – Luxor, Ägypten S. 50
⑬ Pinakothek der Moderne – Dombai, Russland S. 54
⑭ Türkentor – Naoshima, Japan S. 58
⑮ Ludwigstraße – Dublin, Irland S. 62
⑯ Siegestor – Arc de Triomphe, Paris S. 66
⑰ Englischer Garten – Nanjing, China S. 70
⑱ Eisbachwelle – Oahu, Hawaii S. 74
⑲ Salvatorkirche – Thira, Santorin S. 78
⑳ Alter Botanischer Garten – Grandvalira, Andorra S. 82

Norden und Westen

㉑ Karlstraße – Santa Monica, Kalifornien S. 86
㉒ Arnulfsteg – Lille Langebro, Kopenhagen S. 90
㉓ Westpark – Khao Tao, Thailand S. 94
㉔ Theresienhöhe – Liberty Island, New York S. 98
㉕ Beach Dome – Copacabana, Brasilien S. 102
㉖ Nymphenburger Kanal – Canal Grande, Venedig S. 106
㉗ Olympiapark – Budva, Montenegro S. 110
㉘ Ost-West-Friedenskirche – Bagajewskaja, Russland S. 114
㉙ Olympisches Dorf – Kampung Pelangi, Java S. 118

㉚ Olympiasee – Walk of Fame, Los Angeles S. 122
㉛ Petuelpark – Ōsaka, Japan S. 126
㉜ Kaiserplatz – Piazza San Marco, Venedig S. 130
㉝ Ainmillerstraße – Elizabetes iela, Riga S. 134
㉞ Schwabinger See – Manhattan, New York S. 138
㉟ Fröttmaninger Berg – Reschenpass, Südtirol S. 142
㊱ Oberföhring – Marina Baie des Anges, Côte d'Azur S. 146

Osten und Süden

㊲ Friedhof Bogenhausen – Zentralfriedhof, Wien S. 150
㊳ Effnerplatz – Kōbe, Japan S. 152
㊴ Kriechbaumhof – Emmental, Bern S. 154
㊵ Rablstraße – Queensland, Australien S. 158
㊶ Werksviertel – Vancouver Island, Kanada S. 162
㊷ Mariahilfkirche – Grote Kerk, Den Haag S. 166
㊸ Wirtstraße – Cagaloglu Hamam, Istanbul S. 170
㊹ Lindwurmstraße – Bamako, Mali S. 174
㊺ St. Maximilian – Notre-Dame, Paris S. 176
㊻ Maistraße – Kapstadt, Südafrika S. 180
㊼ Tumblingerstraße – East Side Gallery, Berlin S. 184
㊽ Alte Utting – Themse, London S. 188
㊾ Tierpark Hellabrunn – Serengeti, Tansania S. 192

Münchner Umland

㊿ Regattastrecke – Sarajevo, Bosnien-Herzegowina S. 196
(51) Karlsfelder See – Loch Ness, Schottland S. 200
(52) Aschheimer See – Vadhoo, Malediven S. 204
(53) Bavaria Filmstadt – Universal Studios, Hollywood S. 208
(54) Isarauen – Atna, Norwegen S. 212
(55) Mangfalltal – Wüste Gobi, Mongolei S. 216

VORWORT

Liebe Leserinnen, liebe Leser,

wussten Sie, dass in einem See vor den Toren Münchens fantastische Ungeheuer leben? Oder kennen Sie die bronzene Dame, die im Olympiapark schon seit Jahrzehnten vergnügt im Handstand ausharrt – und ihr leidgeprüftes Alter Ego an der Küste Montenegros? Wer sich auf den Jakobsweg begeben möchte, kann mitten in der Altstadt die Wanderstiefel schnüren, und zu einem Kurztrip nach Venedig lädt das Cuvilliés-Theater ein.

Vielleicht geht es Ihnen ja wie mir: Ich lebe nun schon seit vielen Jahren in München, aber im Urlaub und auf Reisen zog es mich immer in die Ferne – an die Küsten Deutschlands, in den sonnigen Süden Europas oder manchmal auch in noch viel exotischere Ecken der Welt. Doch dann kam die Pandemie, eine sorgenvolle wie nervenaufreibende Zeit, die aber auch ihre guten Seiten hatte. Zumindest kann ich das für mich behaupten, denn während der Lockdowns begann ich meine Heimatstadt mit ganz neuen Augen zu sehen und zu entdecken. Ausgebremst vom Coronavirus und angetrieben von meiner ungestillten Reiselust, machte ich mich auf den Weg zu Orten in meiner näheren Umgebung, die ich noch nie (oder zumindest seit einer halben Ewigkeit) nicht mehr besucht hatte.

Damals war ich fast täglich unterwegs, unternahm lange und dann oft überraschende Spaziergänge oder kurze Ausflüge: Im Frühling staunte ich über die prachtvolle Blüte der vielen Japanischen Kirschen im Petuelpark, im Sommer schlenderte ich über die grünen Almwiesen des Fröttmaninger Bergs zum »Versunkenen Dorf«, das mich sofort an Südtirol erinnerte. Im Herbst war ich beseelt von der stillen Schönheit des Thai-Pavillons im Westpark, von der ich zwar gehört, die ich mir aber noch nie vor Ort angesehen hatte. Und als die Tage dann wieder grauer und dunkler wurden, lernte ich, dass man nicht nach Paris reisen muss, um in den Genuss eines echten Da Vincis zu kommen. Denn im Münchner Kunstareal hängt Mona Lisas ältere Schwester – und ihren Mund umspielt ein ebenso geheimnisvolles Lächeln.

Schnell wurde mir also klar: Auch in und um München kann man die ganze Welt erleben, und dafür braucht man oft nur ein Fahrrad und ein wenig Fantasie! Die vielen exotischen Orte, Geschichten und Aha-Erlebnisse, die ich während der vergangenen Monate gesammelt und so genossen habe, möchte ich in diesem Buch mit Ihnen teilen. Bei der Arbeit unterstützt hat mich Gundi Herget, auch sie ist begeisterte Reiseautorin und hat etliche der nachfolgenden Kapitel beigesteuert. Wir beide wünschen Ihnen jetzt viel Spaß bei der Lektüre – und jede Menge spannende Neuentdeckungen auf Ihrer Weltreise durch die bayerische Landeshauptstadt!

Jens van Rooij, München im Februar 2022

ZENTRUM UND MAXVORSTADT

Arme Schulschwestern von Unserer Lieben Frau, Unterer Anger 2, 80331 München,
https://schulschwestern.de/jakobuspilger,
Bus: St.-Jakobs-Platz

① St. Jakob am Anger
Santiago de Campostela, Spanien

»Ich bin dann mal weg«, sagte Hape Kerkeling – und war plötzlich präsenter denn je. Denn nach der Veröffentlichung seines Bestsellers im Jahr 2006 lockte der Comedystar, um den es zuvor etwas ruhiger geworden war, ein Millionenpublikum in den Buchhandel. Später schnürten Zehntausende wie er die Wanderschuhe und begaben sich auf den fast 800 Kilometer langen »Camino Francés«, den bekanntesten finalen Abschnitt des Jakobswegs, der im Baskenland startet und sich von hier über Stock und Stein quer durch die Pyrenäen nach Santiago de Compostela schlängelt.

Das Städtchen im Nordwesten Spaniens mauserte sich bereits im Mittelalter – neben Rom und Jerusalem – zu einem der wichtigsten Wallfahrtsorte des christlichen Abendlandes. Angeblich hatte man hier die Reliquien des heiligen Jakobus entdeckt. Über der Fundstelle wurden eine Kapelle und rundherum ein Dorf errichtet, das zur Stadt mit Kathedrale heranwuchs, und mit der Zeit machten sich immer mehr fromme Wanderer aus allen Himmelsrichtungen auf den Weg, um das Grab des Apostels zu besuchen und dort für die Vergebung ihrer Sünden zu beten. Und so entstand quer über den Kontinent ein dichtes Netz aus Pfaden, die allesamt irgendwann an die spanische Grenze führen und dort in den »Camino«, die berühmte Pilgerautobahn Richtung Galicien, münden.

Munter drauflos pilgern kann man jederzeit auch vor der eigenen Haustür. Der Münchner Jakobsweg, der – wenn man es gemütlicher angeht – in rund 15 Tagesetappen von der Landeshauptstadt an den Bodensee führt, startet sogar mitten im Zentrum an der Jakobskirche am Anger, gleich neben der Synagoge. Sie ist Teil der ältesten noch bestehenden Klosteranlage der Stadt und war schon im 13. Jahrhundert eine beliebte Anlaufstation für Wallfahrer. Damals kümmerten sich Franziskanermönche um die erschöpften Durchreisenden, heute wird ihre Mission teilweise von den Armen Schulschwestern fortgeführt. Sie leben seit 1843 im Konvent und organisieren im Sommer regelmäßig Gottesdienste, bei denen Pilgergruppen aus München und Umgebung gesegnet, mit Pilgerausweisen ausgestattet und dann Richtung Spanien verabschiedet werden.

Ihre weite Reise führt sie an der Isar entlang südwärts zu den Klöstern Schäftlarn und Andechs und dann, immer der Muschel nach, quer durchs Allgäu bis nach Lindau. Von hier sind es noch rund 2 400 Kilometer bis Santiago de Compostela – eine Strecke, für die man ab München übrigens gut und gerne vier Monate einplanen sollte. Das nur zur Info, für Ihre Chefin … falls auch Sie demnächst den Rucksack packen und sagen: »Ich bin dann mal weg!«

Vielleicht ist das Grano ja sogar der kleinste Italiener der Stadt? Und wenn nicht, dann eben der charmanteste. Die Karte bietet Pizza, Pasta zu fairen Preisen. Wer einen Tisch ergattern will, muss aber reservieren.

Sebastiansplatz 3, 80331 München, Tel. 089/23 26 99 39, Mo–Sa 11.30–22 Uhr

ZENTRUM UND MAXVORSTADT

Neues Rathaus, Marienplatz 8, 80331 München,
www.muenchen.de,
S- und U-Bahn: Marienplatz

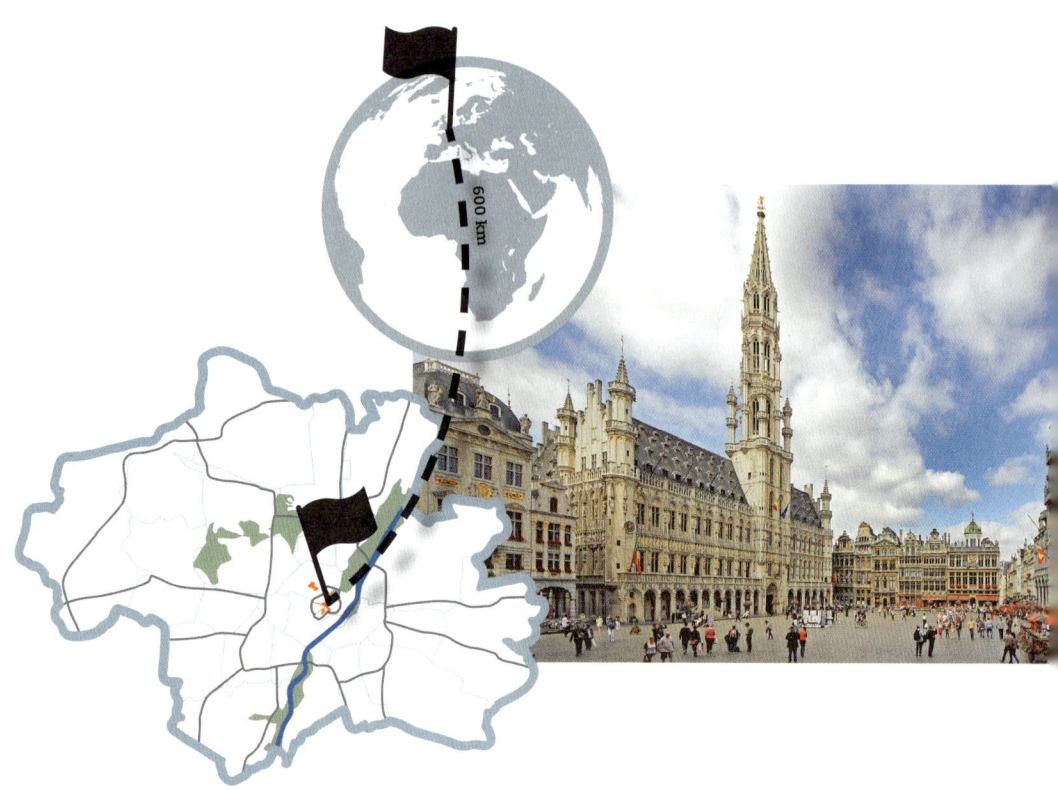

② **Marienplatz**
Grand-Place, Brüssel

Wer Punkt zwölf Uhr mittags sehnsuchtsvoll hinauf zum Brüsseler Rathaus blickt und die Ohren spitzt, wird bitter enttäuscht: Hier, hoch über der Grand-Place im Herzen der belgischen Hauptstadt, bleibt es still. Kein Klingeln und Bimmeln zieht die Aufmerksamkeit der Passanten auf sich – und schon gar keine Herolde, Ritter und Fassmacher, die zur Melodie der Glocken munter im Kreis tanzen. »Ähm, excuse me, where is the carrillon?«, erkundigt sich da verdutzt so mancher Globetrotter auf Europarundreise. Schließlich kennt man das Spektakel vom Münchner Marienplatz – und vor allem: Der dortige Rathausturm ist seinem Pendant in Brüssel wie aus dem Gesicht geschnitten!

Diese Ähnlichkeit ist kein Zufall. Als sich der Grazer Architekturstudent Georg Hauberrisser Mitte des 19. Jahrhunderts an den Zeichentisch setzte, um an seinen Plänen für ein neues Münchner Rathaus zu arbeiten, schielte er ganz bewusst nach Belgien und Österreich. Ihm schwebte ein schmuckvoller neugotischer Prachtbau vor, der sich von der klassizistischen Formgebung der anderen historischen Gebäude der Stadt abgrenzen sollte. Als Vorbilder für den 85 Meter hohen Turm der neuen Münchner Verwaltungszentrale dienten ihm der zehn Meter höhere Belfried an der Grand-Place in Brüssel sowie der damals erst kürzlich fertiggestellte Turm des Wiener Rathauses. Ersterer wurde Mitte des 15. Jahrhunderts, zur Blütezeit der belgischen Hauptstadt, im Flamboyantstil errichtet – ist also tatsächlich spätgotisch. Letzterer stammt aus der Feder von Friedrich von Schmidt, einst Georg von Hauberrissers Mentor, der sich für seinen neugotischen Entwurf ebenfalls vom Brüsseler Rathaus hatte inspirieren lassen.

Und das Glockenspiel? Sucht man auch in Wien vergebens. Es ist und bleibt ein Unikum der bayerischen Landeshauptstadt. Dass es Anfang des 20. Jahrhunderts überhaupt unter der Turmhaube und in den Erkern des Münchner Neuen Rathauses installiert wurde, ist Georg Hauberrissers Fantasie und seiner Beharrlichkeit sowie den großzügigen Spenden einiger Münchner Bürger zu verdanken. Denn die Anlage mit ihren insgesamt 43 Glocken und 32 Spielfiguren kostete damals ein kleines Vermögen – und ihre Instandhaltung verschlingt bis heute viel Geld. Das liegt nicht zuletzt daran, dass auch der empfindliche Antrieb, der das Glockenspiel mehrmals täglich in Gang und Klang setzt, unter strengem Denkmalschutz steht. Macht der Motor schlapp oder klemmt mal wieder eine Figur oder Walze, dürfen Reparaturen nur behutsam und von spezialisierten Fachbetrieben ausgeführt werden. Und das dauert oft Wochen oder sogar Monate. So kann es passieren, dass man Punkt elf oder zwölf Uhr mittags, nachmittags um 17 oder auch abends um 21 Uhr auf dem Marienplatz steht und erwartungsfroh hinauf zum Münchner Rathausturm blickt – und nichts passiert. Zum Glück ist das aber eher selten der Fall.

Die kleine Dachterrasse des Hotels Louis am Viktualienmarkt ist immer noch ein Geheimtipp. Das Beste: Man muss nicht zum Abendessen bleiben, sondern kann auch nur einen Aperitif und dazu die traumhafte Aussicht genießen.

Viktualienmarkt 6, 80331 München, tgl. ab 18 Uhr (nur im Sommer, Reservierung empfohlen), www.thelouisgrillroom.com

ZENTRUM UND MAXVORSTADT

Marktaufsicht, Viktualienmarkt 3, 80331 München,
Bus: Viktualienmarkt

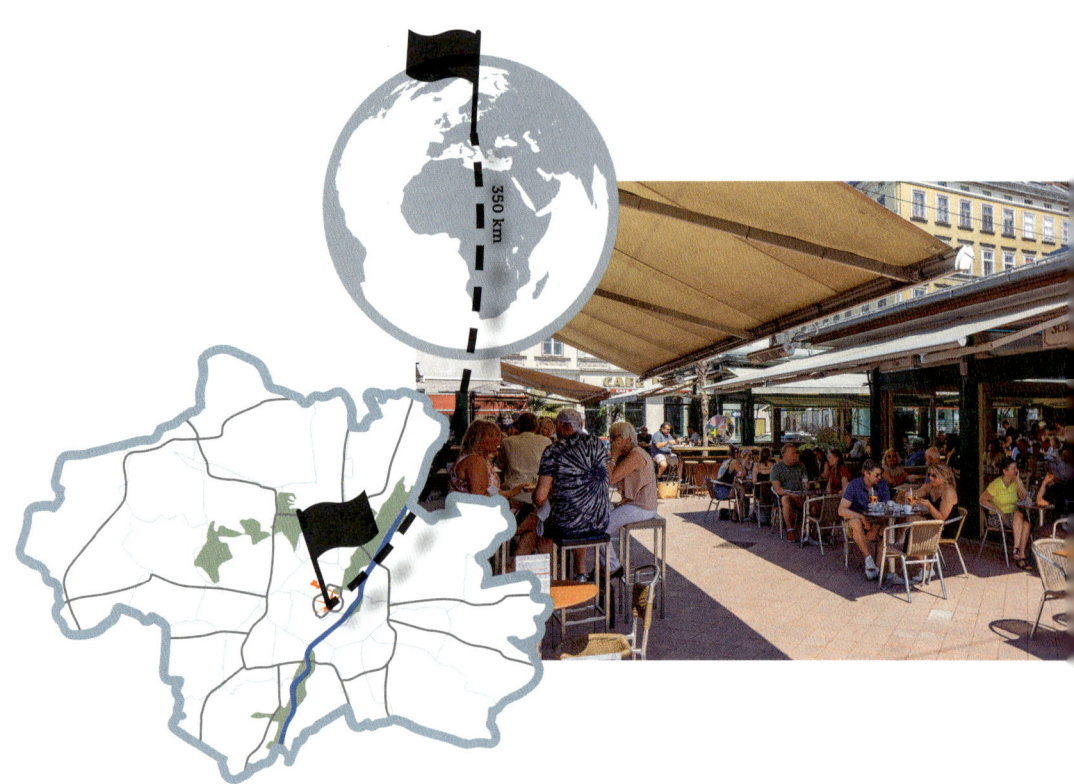

❸ Viktualienmarkt
Naschmarkt, Wien

Naschen klingt verspielter als das altmodische, etwas sperrige Viktualien. Aber mit Naschen hat der Naschmarkt in Wien, jedenfalls dem Namen nach, nichts zu tun. Der stammt, da sind die Quellen sich uneins, entweder von »Asch«, einem alten Wort für einen Milcheimer aus Eschenholz, denn früher gab es auf dem Wiener Naschmarkt vor allem Milch, die man eben in einem solchen Eimer nach Hause transportierte. Oder der Name leitet sich vom Asche- und Müllplatz ab, der sich einst an gleicher Stelle befand. Wie auch immer: Das Wort Viktualien ist zwar umständlicher, aber dafür ist sein Ursprung klar. Es steht altmodisch für Lebensmittel und stammt vom lateinischen victus, spätlateinisch victualia.

Doch genug von solch etymologischen Pingeligkeiten, die beiden Märkte haben schließlich auch ein paar Gemeinsamkeiten. So viele sogar, dass Münchner sich auf dem Wiener Naschmarkt fast wie auf dem heimischen Viktualienmarkt fühlen können – und umgekehrt. Beide Traditionsmärkte existieren immerhin seit über 200 Jahren. Beide haben feste Stände, wobei zum einen solche an immer dem gleichen Platz und zum anderen feste Häuschen gemeint sind. Beide Märkte sollte man nicht hungrig besuchen, oder wenn, dann nur mit gut gefülltem Portemonnaie und der Bereitschaft, in Genüssen zu schwelgen ohne aufs Geld zu schauen. Auf beiden Märkten kann man auch gemütlich sitzen und essen, nur mit dem Unterschied, dass man auf dem Naschmarkt dazu dann eher »leiwand« sagt und auf dem Viktualienmarkt »griabig«. Nur der Punkt für die meisten Restaurants direkt am Markt geht an Wien. Dafür liegt der Viktualienmarkt mitten im Herzen der Münchner Altstadt. Exquisit ist das Angebot hier wie dort: exotische Früchte, französische Käsesorten, mediterrane Antipasti. Sogar in Größe und Standzahl sind die beiden Märkte nahe Verwandte: Der Viktualienmarkt hat etwa 140 Stände und Händler auf ungefähr zwei Hektar Fläche, der Naschmarkt rund 120 Stände und Lokale auf zwei Komma drei Hektar. Und zu guter Letzt granteln die Ureinwohner beider Städte gelegentlich ganz gern über Preise, Touristen, Kommerz! Früher war alles besser! Meckern gehört einfach dazu, und dann sind die Münchner und die Wiener doch wieder stolz auf ihre Traditionsmärkte und gehen gerne hin. Wegen den Naschereien, den Viktualien, oder auch einfach so.

Wenn der Bummel über den Viktualienmarkt unaufschiebbaren Appetit macht, gibt es dort auch gleich einen Biergarten mit bayerischen Schmankerln.

Viktualienmarkt 9, 80331 München, Mo–Sa 9–22 Uhr (bei schönem Wetter auch sonntags), www.biergarten-viktualienmarkt.com

ZENTRUM UND MAXVORSTADT

Diverse Standplätze u.a. Burgstraße 1, 80331 München,
S- und U-Bahn: Marienplatz

❹ Rikschas, Altes Rathaus
Dhaka, Bangladesch

Platz nehmen und los geht's! – Ohne Anschnallen. In gemächlichem Tempo zuckeln Münchens Rikschafahrer mit ihren Gästen durch die Altstadt, den Englischen Garten und den Olympiapark. Im Sommer sitzen diese schön beschattet und bei schlechtem Wetter vor Nieselregen geschützt. Wer es schon ausprobiert hat, der weiß, so eine Rikschafahrt ist eine sehr entschleunigte, gemütliche und vergnügliche Sache. Und so viel Zeit zum Schauen!

Was für Touristen, Stadtbesucher und auch Einheimische ein charmanter Spaß und für die Münchner Anbieter mit Namen wie Lederhosen-Express, Brezntours oder Bavaria Rikscha ein passables Geschäft ist, hat anderswo eine sehr lange Tradition. Wenn man die kennt, bekommt so eine Rikschafahrt auf einmal eine internationale und historische Dimension. Dafür bitte den Blick weit, weit nach Osten und ungefähr 150 Jahre in die Vergangenheit werfen.

Erfunden wurde die Rikscha Mitte des 19. Jahrhunderts in Japan, damals wurde sie aber noch von Hand gezogen – eine rollende Sänfte sozusagen. Das Wort kommt von »Jin-riki-sha«. »Jin« bedeutet Person, »riki« Kraft und »sha« Fahrzeug. Zusammen ergibt das lustigerweise Personenkraftwagen – nur dass das Wort dann nicht zum Pkw abgekürzt wurde, sondern zur Rikscha.

Von Japan aus verbreitete sich die Rikscha in ganz Asien. Wer auf die Idee kam, Rikschas und Fahrräder zu kombinieren, ist nicht überliefert. Verständlich aber, dass die Fahrradrikscha die rollende Sänfte rasch ablöste: mehr Tempo, mehr Fahrgäste, weniger Anstrengung. Je nach Land sitzen die Gäste hinter oder vor dem Fahrer; in München gibt es beide Varianten. Auch als Lastenrad zum Transport großer Güter sind Rikschas in Indien, China, Myanmar und Kambodscha populär. Doch während sich die Fahrradrikscha in europäischen Städten zu einer originellen, aber wirtschaftlich und infrastrukturell nicht notwendigen Fortbewegungsform gemausert hat, rollen zum Beispiel in Dhaka, der Hauptstadt von Bangladesch, 200 000 bis 400 000 Rikschas durch die Stadt, die Schätzungen gehen hier auseinander, und jede einzelne von ihnen verschafft gleich mehreren Menschen ein Einkommen: Sie bauen, reparieren, verleihen und bemalen die Rikschas oder betreiben eine Garküche entlang der Fahrrouten. Man stelle sich das einmal vor, 200 000 Rikschas in München – aber bitte statt Autos. Weniger Staus, mehr Platz, bessere Luft und viel mehr Gemütlichkeit. Ein verführerischer Gedanke. Man sollte öfter mal dieses persönliche und nachhaltige Fortbewegungsmittel nutzen, um – die Nachfrage regelt bekanntlich das Angebot – zu ihrer Vermehrung beizutragen. Das muss gar keine Touristenrundfahrt sein, die Rikschas funktionieren ja auch als Taxis!

Nach der Rikschatour ins asiatische Restaurant, das passt gut zusammen. Viele Anbieter starten ihre Touren von der Altstadt aus, nahe am Viktualienmarkt wäre die Maggie Sushi Bar mit Mangas an der Wand und einer großen Auswahl an Sushi und verschiedenen asiatischen Wokgerichten.

Westenriederstraße 13, 80331 München, Mo–Sa 11.30–22.30 Uhr, So 12–21.30 Uhr, maggie-munich.de

ZENTRUM UND MAXVORSTADT

Mandarin Oriental, Neuturmstraße 1, 80331 München,
www.mandarinoriental.com (nur Mai–September),
Bus: Tal

❺ Mandarin Oriental
Marina Bay Sands, Singapur

Wer hier oben in seinem Lobstersalat herumstochert oder an einem eisgekühlten Glas Champagner nippt, hat es geschafft, könnte man meinen. Vor allem finanziell natürlich. Aber keine Sorge, auch Normalverdiener mit Bodenhaftung dürfen es sich im Mahjong Roof Garden gemütlich machen und mit einem Drink in der Hand den umwerfenden Panoramablick genießen. Und so tummeln sich auf der Dachterrasse des Luxushotels Mandarin Oriental im Sommer eben nicht nur Investmentbanker, Baulöwen und anderes Yuppie-Volk aus aller Welt, sondern auch immer mehr ganz normale Münchnerinnen und Münchner, die sich einen stilvollen Abend gönnen und ihre Heimatstadt dabei aus einer neuen, ungewöhnlichen Perspektive erleben wollen.

Klar, wer in der Hotellobby in den Aufzug steigt und dann in höhere Sphären vordringen will, sollte sich halbwegs anständig anziehen: »Semiformale Shorts, Hemden, Polohemden und angemessenes Schuhwerk sind zugelassen«, heißt es in der offiziellen Dresscode-Empfehlung des Lokals. Mit anderen Worten: Badeschlappen und T-Shirt sind tabu. Und natürlich wird auch erwartet, dass man hier nicht nur guckt, staunt und ein paar Fotos schießt, sondern auch ein wenig konsumiert: Acht Euro kostet ein Gläschen Bier, für Cocktails muss man sogar mehr als das Doppelte hinblättern. Die stolzen Preise verbucht man aber am besten als Eintrittsgeld. Schließlich sind das Flair und die Aussicht, die man dafür serviert bekommt, ganz großes Kino. Und Kinotickets, noch dazu für Filme in 3D, gibt's bekanntlich auch nur selten zum Nulltarif.

Los geht die Vorstellung übrigens schon am Nachmittag. Ab 14 Uhr scharen sich die ersten Gäste um den smaragdgrünen Infinitypool oder fläzen sich mit Weißwein oder einer Tasse Kaffee in die flauschigen Designer-Gartenmöbel der Rooftop-Bar. Noch viel reizvoller ist es hier freilich in den Abendstunden, zur Primetime also, wenn die Silhouette der Altstadt rund um die Dachterrasse in magischem Licht erstrahlt: Alter Peter, Neues Rathaus und die Türme der Frauenkirche scheinen zum Greifen nah. Weiter westlich spiegelt sich die Abendsonne in den Fenstern des Fernsehturms und auf dem Zeltdach des Olympiastadions. Im Osten taucht sie die prächtige Fassade des Maximilianeums in leuchtende Gold- und Rottöne.

Wer ähnlich extravaganten »Hochgenuss« erleben will, muss weit reisen: In Barcelona, Singapur, London, New York und vielen anderen Metropolen zählen mondäne Rooftop-Bars längst zum gastronomischen Standardprogramm; in München sind sie hingegen eher dünn gesät. Mit dem Mahjong Roof Garden mithalten können hier derzeit noch am ehesten die Blue Spa Bar im Bayerischen Hof oder das M'uniqo, die Rooftop-Bar des Andaz-Hotels. Letztere befindet sich zwar fernab der Altstadt am Schwabinger Tor, hat aber am Wochenende immerhin bis nach Mitternacht geöffnet. Auf der Dachterrasse des Mandarin Oriental gehen hingegen schon ab 22 Uhr die Lichter aus. Dann heißt es austrinken, weiterziehen – auf dem Boden der Tatsachen. Andere schicke oder schummerige Bars gibt's in der Umgebung zum Glück genug!

Lust auf einen Absacker ohne Schickimicki? Dann auf ins X! Die einstige Schwabinger Kultkneipe hat im Lehel ihr neues Kellerdomizil gefunden. Keine Sorge, Kicker und Ledersofas sind mit umgezogen.

X-Bar, Sternstraße 20, 80538 München, tgl. ab 20 Uhr, www.x-bar-club.de

ZENTRUM UND MAXVORSTADT

Cuvilliés-Theater, Residenzstr. 1, 80333 München,
www.residenz-muenchen.de und www.residenztheater.de,
U-Bahn, Bus: Odeonsplatz

❻ Cuvilliés-Theater
Gran Teatro La Fenice, Venedig

Das Gran Teatro La Fenice in Venedig und das Cuvilliés-Theater haben zwei Gemeinsamkeiten, eine wunderbare und eine tragische. Die wunderbare zuerst: Beide zählen zu den schönsten und luxuriösesten Opernhäusern ihres Landes, Europas, der Welt, vielleicht des Universums. Innen sind sie so prunkvoll ausgestattet wie Märchenpaläste: samtrote Sitze, funkelnde Lüster, üppige goldene Ornamente, die sich die Logen entlangschnörkeln und bis zum hohen hellblauen Theaterhimmel reichen, dem sie einen stilvollen Rahmen verpassen. Wer eines der beiden Häuser, egal welches, zum ersten Mal betritt, dem bleibt der Mund offen stehen. Wunderbar ist auch, dass beide aus Ruinen wiederauferstanden sind, obwohl es selbstverständlich noch viel besser gewesen wäre, sie wären gar nicht erst zerstört worden. Aber es gibt beide Häuser noch oder vielmehr wieder, womit wir nun bei den tragischen Gemeinsamkeiten angekommen sind.

Als steckte derselbe Autor dahinter, entwickelte sich um beide Schmuckstücke ein Drama in vier Akten. Vorhang auf für den ersten Akt: Jedes der Häuser verdankt seine Existenz einem Feuer. 1750 brannte der Vorgängerbau in München ab, 1774 das wichtigste Theater Venedigs, das San Benedetto. Dessen Theatergesellschaft beschloss daraufhin den Bau des Grand Teatro La Fenice. In München gab Kurfürst Max. III das Cuvilliés-Theater in Auftrag. Sogar der Phönix taucht in beiden Geschichten auf. Das Teatro La Fenice ist nach ihm benannt, Fenice heißt auf Italienisch Phönix. Das Cuvilliés-Theater ist nach seinem Architekten benannt, aber zur Einweihung wurde ein opulentes Gedicht veröffentlicht, in dem der mythologische Vogel ebenfalls vorkam: »Phoenix nostri temporis« hieß es. Im 19. Jahrhundert erlebten, zweiter Akt, beide Theater eine kleinere Krise: Im Fenice brannte es 1836 erneut, die Schäden waren aber innerhalb eines Jahres beseitigt. Fast zur gleichen Zeit beschloss König Ludwig I., nach einem kleineren Brand in der Residenz, das dabei leicht beschädigte Cuvilliés-Theater stillzulegen und nur noch als Lager für das Nationaltheater zu nutzen. Erst Ludwigs Nachfolger Max II. ließ es restaurieren und im November 1857 wiedereröffnen.

Besonders dramatisch ist der dritte Akt, der im 20. Jahrhundert spielt und mit der Zerstörung beider Theater endet. Auf Münchens »Juwel des Rokoko« fielen im Jahr 1944 die Bomben des Zweiten Weltkriegs. Nur die wertvollen Logenverkleidungen, die vorher ausgelagert worden waren, blieben übrig. Der Phönix kam unbeschädigt bis fast ins 21. Jahrhundert, aber eben nur fast: 1996 wurde das ruhmvolle Gebäude – bis auf die Außenwände – durch Brandstiftung ein Raub der Flammen.

Vierter und letzter Akt: Beide Opernhäuser wurden originalgetreu wiederaufgebaut. Das Cuvilliés-Theater eröffnete zur 800-Jahr-Feier Münchens am 14. Juni 1958 wieder. Das Teatro La Fenice war dann 2004 wiederhergestellt. Und jetzt: Applaus, Vorhang zu.

Nach so viel baulichem Luxus darf es dann auch gastronomisch was Besseres sein. Der Brenner Operngrill ist ein schickes, säulengeschmücktes Restaurant mit mediterraner Küche.

Maximilianstraße 15, 80539 München, Mo–Sa 8.30–24 Uhr, Grillbereich Mo–Do 8.30–14.30 und 17.30–24 Uhr, www.brennergrill.de

ZENTRUM UND MAXVORSTADT

Hofgarten, 80538 München,
bei geeignetem Wetter Fr ca. 19–22 Uhr, www.tangomuenchen.de,
U-Bahn, Bus: Odeonsplatz

⑦ Dianatempel
Buenos Aires, Argentinien

Ach, Tango! Glimmender Eros, feurige Leidenschaft, von Tanzschritt zu Tanzschritt an die Kandare gelegt – nur durch Haltung, Körperbeherrschung, Disziplin und den gnadenlos strammen Rhythmus der Musik. Wer Tango tanzt, will nicht einfach nur Spaß haben, sondern tiefere Gefühle. Eigentlich gilt der Tango sowieso als der ernsteste und sogar als der traurigste Standardtanz, das hört und fühlt man auch irgendwie, und es hat mit seiner Herkunft und Geschichte zu tun. In seiner Frühzeit galt der Tango als verrucht, war er doch im 19. Jahrhundert vor allem in den Armenvierteln von Buenos Aires verbreitet, dem multikulturellen Sammelbecken all derer, die nur für den Moment des Tanzes ihr hartes Leben verlassen konnten: mittellose italienische und spanische Einwanderer, die damals zu Millionen nach Buenos Aires kamen, entwurzelte, arbeitslose Landarbeiter und Gauchos sowie ehemalige afrikanische Sklaven. In diesem kulturellen Schmelztiegel wurde die neue Musik zusammengekocht, die Melodien und Rhythmen aus Andalusien oder Neapel mit den einheimischen Elementen, die selbst wieder kreolische und afrikanische Einflüsse hatten, vermischt. Die Texte erzählten vom harten Leben der Arbeiter, vom Heimweh, von enttäuschter Liebe und waren oft vulgär. In besseren Kreisen war der Tango entsprechend verpönt.

Dann aber, zu Beginn des 20. Jahrhunderts, wurde er gesellschaftsfähig. Zuerst wurde er in Paris entdeckt, trat bald auch in Argentinien selbst seinen Siegeszug an. In Buenos Aires ist Tango bis heute ausgesprochen populär, wird von Radiosendern rund um die Uhr gespielt und in zahllosen Tanzlokalen getanzt. Im Sommer finden die Milongas, die Tanzveranstaltungen, auch draußen unter freiem Himmel statt.

Damit sind wir endlich in München angelangt, der Stadt von Dirndl und Lederhosen, Schäfflertanz und Blasmusik und anderen vollkommen unargentinischen Traditionen, was aber nicht heißt, dass der Tango nicht auch hier angekommen wäre. Er wird im Sommer draußen getanzt, so entspannt-elegant wie in einer Sommernacht in Buenos Aires, unter freiem – nein, nicht unter freiem Himmel, sondern, und jetzt wird es super stilvoll, unter dem Dach des Dianatempels in der Mitte des Hofgartens. Umgeben von vier Muschelbrunnen an den Seiten, einen Mosaikboden aus Marmor zu Füßen. Eine offizielle Veranstaltung ist die München-Milonga am Freitagabend übrigens nicht, sie hat sich einfach so ergeben und wird freundlicherweise von der Stadt geduldet, solange keine Beschwerden wegen Lärmbelästigung kommen. Wer mittanzen will, sollte Schuhe mit stabilen Sohlen aus Kunststoff oder Leder anziehen, der Boden ist hart und auch ein wenig uneben. Jeder ist willkommen, Anfänger genauso wie Fortgeschrittene, Zuschauer auch. Wie in Buenos Aires eben, jedenfalls heute.

Wer nach dem Tangotanzen hungrig und durstig ist, aber die Füße schonen möchte, ist mit Schumann's Bar direkt am Hofgarten bestens bedient. Und die Cocktails können es in ihrer Raffinesse mit Ochos, Giros und Ganchos aufnehmen.

Odeonsplatz 6–7, Mo–Fr 8–3, Sa/So 18–3 Uhr,
www.schumanns.de

ZENTRUM UND MAXVORSTADT

Feldherrnhalle, Odeonsplatz, 80539 München,
U-Bahn, Bus: Odeonsplatz

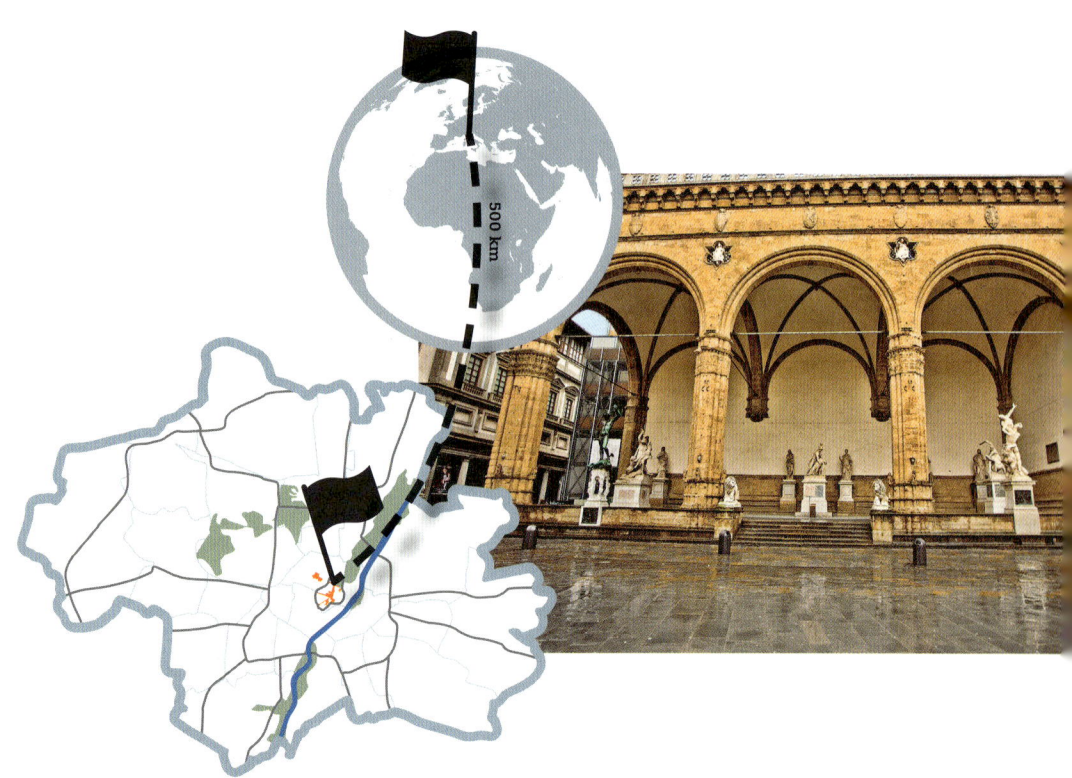

⑧ Odeonsplatz
Florenz, Toskana

Aus der Distanz lässt sich neidlos feststellen, dass es manchmal wohl ganz nett war, König zu sein. Wenn einem irgendwo auf der Welt etwas gefiel, konnte man es sich, mit entsprechend Macht, Einfluss und Geld ausgestattet, selbst beschaffen. Indem man es einfach nachbaute zum Beispiel, so wie der kunstsinnige König Ludwig I. ganze Teile Italiens in München nachbauen ließ. Schon als Achtzehnjähriger entdeckte er seine Liebe zu Italien, bei seiner ersten, fast einjährigen Reise – sozusagen das royale Erasmusprogramm des jungen Kronprinzen. Es folgten fast dreißig weitere Reisen in das geliebte Land, mit oft monatelangen Aufenthalten.

Nach Italien zu reisen war aber nicht genug. Italien sollte genauso wie die Antike auch nach München kommen, und zwar in Form herausragender architektonischer Bauten ehemaliger europäischer Machtzentren, wovon der König sich sowohl eine erhebliche herrschaftliche Repräsentation als auch eine erzieherische, bildende Wirkung auf das Volk versprach. Also ließ er bauen: das Ensemble am Königsplatz war der Akropolis nachempfunden, die Fassade des Königsbaus der Residenz hatte – da bestand der Ludwig I. drauf! – auszusehen wie die Fassaden der Palazzi Pitti und Rucellai in Florenz, was seinen Lieblingsarchitekten Leo von Klenze etwas ins Schwitzen gebracht haben muss.

Markantestes Beispiel ist aber die Feldherrnhalle, die ein weiterer hoch im Kurs stehender Architekt, Friedrich von Gärtner, von 1841 bis 1844 errichtet hat. Sie ist ein optischer Zwilling der Loggia dei Lanzi in Florenz. Die Bauten sind aber nicht nur ein paar Minuten, sondern mal eben ein paar Jahrhunderte auseinander. Die Loggia dei Lanzi wurde bereits im 14. Jahrhundert an der Piazza della Signoria erbaut, konkret zwischen 1376 und 1382, und gilt als vortreffliches Beispiel der Florentiner Gotik. Die Feldherrnhalle, nun ja. Eine gelungene klassizistische Kopie ist sie durchaus, ihre Geschichte ist allerdings nicht immer lobenswert, sondern äußerst unrühmlich, wofür freilich die Architektur nichts kann: Der Hitlerputsch mit dem Marsch auf die Feldherrnhalle war 1923 gescheitert. An die dabei getöteten Putschisten erinnerten die Nationalsozialisten, nach ihrer Machtergreifung zehn Jahre später, mit einer Gedenktafel und SS-Ehrenwache an der Ostseite des Baus. Passanten waren zum Hitlergruß verpflichtet. Wer ihn nicht leisten wollte, nahm den Umweg über die Viscardigasse hinter der Feldherrnhalle, die fortan Drückebergergasserl genannt wurde. Ludwig I., der große Freund europäischer Kunst und Kultur, hat sich angesichts jener barbarischen Zeiten vermutlich im Grabe umgedreht.

Glücklicherweise sind diese Zeiten lange vorbei, und König Ludwig I. dürfte seine Ruhe wiedergefunden haben. Käme er heute an einem schönen Sommertag hier entlang, würde es ihm bestimmt gefallen, wie vortrefflich sich die Feldherrnhalle als Kulisse für die italienischen Momente der Bürger eignet: Getränk kaufen, auf die warmen Steine setzen, flanierende Menschen beobachten, Münchner Florenzflair genießen – das wäre bestimmt ganz in seinem Sinne gewesen.

Italienisch geht immer, erst recht in Reminiszenz an den italienverliebten Ludwig I. Sehr gutes italienisches Essen bei gehobenen Preisen in gemütlichem Ambiente gibt es im Pietra Piccina.

Maximiliansplatz 12, 80333 München, Mo, Fr 10–16, Di–Do 10–22 Uhr; www.pietra-piccina.business.site

ZENTRUM UND MAXVORSTADT

1. Münchner Kugelwurf-Union, Hofgarten, 80538 München,
https://mkwu.de,
U-Bahn, Bus: Odeonsplatz

⑨ Hofgarten
Cassis, Provence

»Klack, klack, klack!« Die Kugeln der Boulespieler hört man schon aus einiger Entfernung. Es ist Mitte Oktober und recht frisch, aber die Herbstsonne spendiert dem Hofgarten noch ein paar letzte wärmende Sonnenstrahlen. Immerhin fünf Bouleteams haben sich am späten Montagnachmittag vor den Arkaden am Nordrand der barocken Parkanlage eingefunden – größtteils Männer, in dicke Pullis und Daunenwesten eingepackt. In der Gruppe ganz links ist gerade ein Herr mit Bart und brauner Schiebermütze an der Reihe: Ohne zu zögern holt er aus und … klack! Mit gewagtem Schuss sprengt er die perfekt platzierte Kugel der gegnerischen Mannschaft ins Abseits. »Schön«, raunen seine Teamkollegen. Er lächelt nur verschmitzt und macht dem nächsten Spieler Platz. Pétanque – hierzulande oft auch einfach nur Boule genannt – ist eben ein bescheidener Sport: Lauter Jubel oder gar Schadenfreude sind tabu, so will es die Etikette. Und vor allem die alten Hasen, die hier regelmäßig eine ruhige Kugel schieben, halten sich daran.

In München treffen sich Pétanque-Freunde schon seit vielen Jahrzehnten im Hofgarten gleich neben dem Odeonsplatz. Seine breiten, mit Rollsplitt bedeckten Wege eignen sich perfekt für den Sport, und im Sommer tummeln sich hier oft so viele Teams gleichzeitig, dass man als Spaziergänger aufpassen muss, um nicht versehentlich in eine Partie hineinzulatschen. Denn für Boule braucht man nicht viel: ein wenig Platz auf festem, ebenem Untergrund, drei Metallkugeln pro Frau oder Mann sowie eine kirschgroße Zielkugel – auch Cochonnet oder Schweinchen genannt. Und dann geht's auch schon los: Erst wird die kleine Kugel ein paar Meter nach vorne auf den Boden geworfen, anschließend folgen Zug um Zug die großen. Manchmal gleiten sie elegant-rasant auf ihr Ziel zu, manchmal rollen sie knirschend und im Schneckentempo durch den Kies. Und nicht selten werden sie auch im hohen Bogen durch die Luft katapultiert und schlagen dann wie Granaten in einem Kugelnest der Kontrahenten ein. Denn jedes Team will das Gleiche: dem Schweinchen möglichst nahe auf die Pelle rücken – und alle Mitstreiter auf Abstand halten.

In Frankreich ist Pétanque seit Langem ein Volkssport und Vergnügen, mit dem man sich vor allem im Süden des Landes auf jedem Dorfplatz die Zeit vertreibt. Hier an der Isar verdankt das Boulespiel seine Popularität vor allem den frankophilen Gründern der »I. Münchner Kugelwurf-Union«: Jedes Jahr im Juli organisiert der Verein sein mehrtägiges Hofgartenturnier, das sich längst zum Gipfeltreffen für Profis aus ganz Europa gemausert hat. Zu Corona-Zeiten musste das Event freilich ausfallen, doch in Sachen Boule hatte die Pandemie auch ihr Gutes: Viele Münchnerinnen und Münchner haben sich während der Lockdowns einen Satz Kugeln zugelegt, und mittlerweile wird Pétanque – klack, klack, klack! – in fast jedem Park der Stadt gespielt. Also Augen auf beim Spazierengehen. Oder noch besser: einfach mitspielen!

Lust auf noch mehr Frankreich? Die Confiserie Mealu in der Theatinerstraße ist vor allem für ihre farbenfrohen Macarons bekannt: Schoko, Himbeere, Kokos, Zimt, Cassis – hier findet jeder seine Lieblingssorte.

Theatinerstraße 32, 80333 München, Mo–Fr 10.30– 18 Uhr, Sa 10.30–19 Uhr, www.maelu.de

ZENTRUM UND MAXVORSTADT

Königsplatz, 80333 München,
www.antike-am-koenigsplatz.mwn.de,
U-Bahn, Bus: Königsplatz

⑩ Königsplatz
Akropolis, Athen

Die Akropolis, der antike Tempelberg mitten in Athen, zeugt noch heute von überwältigender Herrlichkeit. Um eine Idee davon zu bekommen, wie das Ensemble vor dem Verfall gewirkt haben könnte, kann man den Königsplatz besuchen und sich dort, vor allem an sonnigen, warmen Tagen, ein wenig der Fantasie einer intakten Akropolis hingeben.

Es war, mal wieder, König Ludwig I., der bereits im Kronprinzenalter seine Leidenschaft für die Antike auslebte, indem er griechische und römische Skulpturen hoher Qualität zusammentrug. Doch er hatte noch weit Größeres vor, wollte ganz München in ein Isar-Athen verwandeln. Was sein Vater, König Max I. Joseph, von alledem hielt, ist in einem Zitat überliefert, das weder für Ludwig noch für die Münchner sonderlich schmeichelhaft, in der Rückschau aber zum Schmunzeln ist: »Mein verrückter Sohn will wieder Geld ausgeben, dessen bin ich mir sicher, um alten Plunder zu kaufen, und er hofft, dadurch Griechen und Römer aus dieser Rasse von Biertrinkern zu machen.«

Die väterliche Kritik dürfte an Ludwig I. abgeperlt sein, von seinen Plänen brachte sie ihn jedenfalls nicht ab. Die Gestaltung des Königsplatzes nahm ihren fast ein halbes Jahrhundert dauernden Lauf: Zunächst konzipierte der Architekt Karl von Fischer den Platz nach dem Vorbild der Akropolis in Athen, Leo von Klenze übernahm anschließend den Bau der Glyptothek (1806–1830), in der auch die beträchtliche Skulpturensammlung Ludwigs Platz fand, sowie den monumentalen Torbau der Propyläen (1848–1862), der dem Tempeleingang der Akropolis entspricht. Georg Friedrich Ziebland, der unter Karl von Fischer studiert hatte, baute die Antikensammlung (1838–1848), in der heute eine der weltweit bedeutendsten Sammlungen griechischer, etruskischer und römischer Kleinkunst zu sehen ist: Vasen, Glasschalen, Schmuck, Statuetten.

Und noch ein Exkurs für alle, die in puncto Detailkenntnisse mit König Ludwig I. und seinen Architekten mithalten wollen: Jedes der drei Gebäude repräsentiert einen anderen Typus der alten griechischen Säulenordnungen. Die Säulen der Münchner Propyläen kommen ohne Verzierungen oder den Basis genannten Säulenfuß aus, sind also dorisch. Auf der Akropolis findet man sie zum Beispiel an dem alles überragenden Parthenon, dem Tempel zu Ehren der Göttin Athene. Die Glyptothek schmücken, wie das Erechtheion nördlich des Parthenon, ionische Säulen: einfache Basis, schlanker, sich nur leicht verjüngender Schaft, Ornamente oben am Kapitell, die sich nach zwei Seiten kringeln wie widerspenstige Haarlocken. Die Säulen der Antikensammlung sind so korinthisch-verspielt wie die des Nike-Tempels der Akropolis: mehrstufige Basis, reich verziertes Kapitell. Ludwigs Vater erlebte die Fertigstellung all der klassizistischen Pracht nicht mehr, er starb 1825. Ob er wohl am Ende doch ein wenig stolz gewesen wäre? Hoffentlich! Denn auch wenn aus den Bayern keine Griechen wurden, der Königsplatz ist eine Schau und Ludwigs »alter Plunder« befindet sich in Sammlungen von Weltruhm.

Das Café der Glyptothek ist wegen des ruhigen, von Ausstellungssälen gerahmten Innenhofs sehr beliebt. Außerdem gibt es hervorragenden italienischen Kaffee und gute Kuchen. Wer nur ins Café, aber nicht ins Museum will, zahlt einen Euro Eintritt, was wirklich zu verschmerzen ist.

Königsplatz 3, 80333 München, Mi, Fr–So 10–17, Do 10–20 Uhr

ZENTRUM UND MAXVORSTADT

Alte Pinakothek, Barer Straße 27, 80333 München,
Di/Mi 10–20.30, Do–So 10–18 Uhr, www.pinakothek.de,
Tram, Bus: Pinakotheken

⓫ Alte Pinakothek
Musée du Louvre, Paris

Mona Lisa blickt ihrem Schicksal gelassen ins Auge: Hilft ja nix, denkt sie sich vermutlich, und quittiert die Tatsache, dass ihr tagtäglich unzählige Menschen aus aller Welt auf die Pelle rücken, mit einem stillen Lächeln. Und das bereits seit über 200 Jahren! So lange hängt die geheimnisvolle junge Dame zumindest schon im Musée du Louvre. Noch viel früher, Anfang des 16. Jahrhunderts, hat der italienische Meistermaler Leonardo da Vinci ihr Gesicht mit weichem Pinselstrich in Öl auf Leinwand verewigt. Heute ist das Porträt so wertvoll und berühmt, dass es jeder, den es nach Paris verschlägt, bewundern möchte. Was gar nicht so einfach ist, denn durch die drängelnde Menge, die sich fast immer um das Gemälde schart, muss man sich erstmal einen Weg nach vorne bahnen. Noch dazu, auch das schmälert den Kunstgenuss, wird Mona Lisas Schönheit von dicken Scheiben aus Panzerglas abgeschirmt. Sie lächelt das alles weg. Was bleibt ihr auch anderes übrig.

Von so viel Rummel um ein Bild kann man in der Alten Pinakothek in München nur träumen. Außerhalb der Ferienzeit schleichen vor allem Museumswärter durch die hohen Hallen des Hauses, Gesellschaft leisten ihnen vielleicht ein paar Dutzend Studenten und passionierte Kunstliebhaber. Und sogar in Saal IV im Obergeschoss der Galerie herrscht meist gespenstische Ruhe. Erstaunlich ist das deshalb, weil man auch dort ein hochkarätiges Original von Leonardo da Vinci bestaunen kann – übrigens das einzige Gemälde des Maestro, das hierzulande überhaupt in einem Museum hängt. »Madonna mit der Nelke« heißt das kostbare Prachtstück, das in deutlich kräftigeren Farbtönen als das Antlitz Mona Lisas leuchtet und obendrein zum spannenden Frühwerk des Künstlers zählt. Es zeigt die Heilige Maria mit einer filigranen roten Nelke in der einen und dem wohlgenährten Christuskind in der anderen Hand. Neugierig greift der Kleine nach der Blume. Seine Mutter sieht ihm dabei zu, und ihren Mund umspielt einen zartes Lächeln, das aber auch ein wenig sorgenvoll wirkt: Ob die Madonna befürchtet, dass auch ihr bald Menschenmassen auf die Pelle rücken? Verdient hätte das nicht nur dieses außergewöhnliche Kunstwerk, sondern auch das wunderbare Museum, das es beherbergt.

Wer gesund und trendy frühstücken möchte, ist im Daddy Longlegs goldrichtig. Neben den farbenfrohen Acai-Bowls mit exotischen Früchten, zählt das hausgemachte Bananenbrot zu den gefragten Leckerbissen des Cafés.

Barerstraße 42, 80799 München, Mo–Fr 8–19, Sa/So 10–19 Uhr (nur Kartenzahlung), www.cafedaddylonglegs.de

ZENTRUM UND MAXVORSTADT

Staatliches Museum Ägyptischer Kunst, Gabelsbergerstraße 35, 80333 München,
Di 10–20, Mi–So 10–18 Uhr, www.smaek.de,
Tram: Karolinenplatz

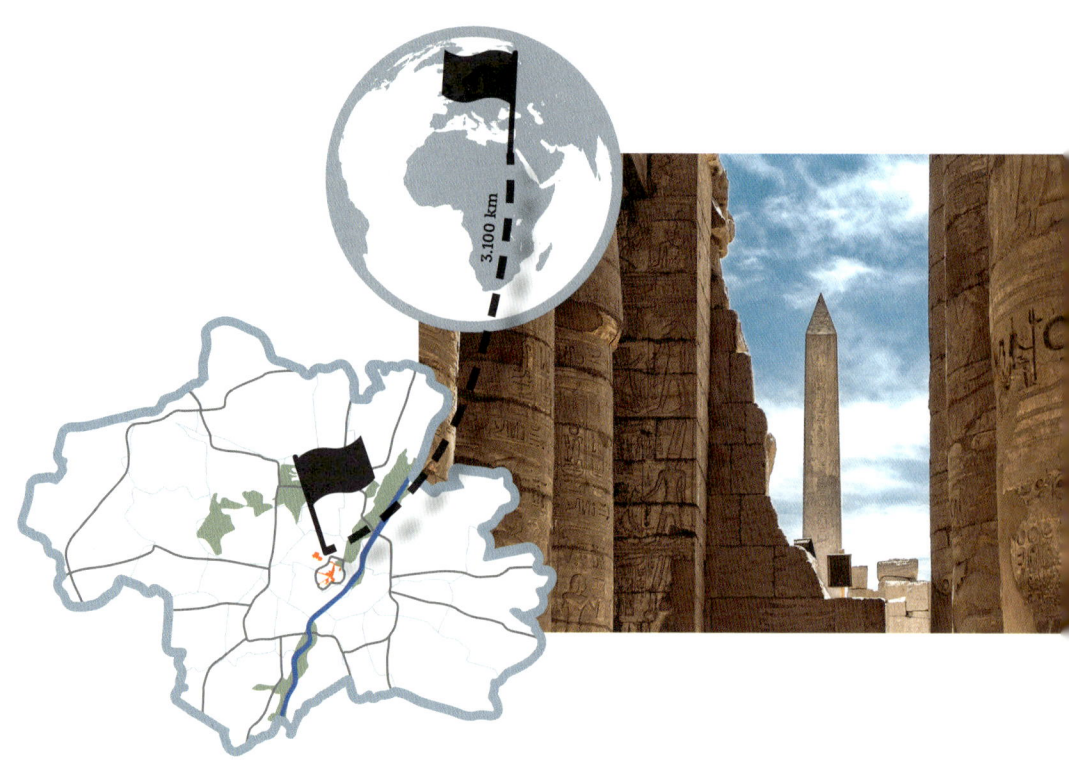

⑫ Karolinenplatz
Luxor, Ägypten

Etwas mehr als 2 600 Kilometer Luftlinie liegen zwischen Kairo und München, etliche Jahrtausende zwischen dem Hier und Jetzt an der Isar und der Blütezeit der Pharaonen am Nil. Und doch: »Überall ist Altägypten!« Das behauptet zumindest das Staatliche Museum Ägyptischer Kunst (SMÄK), das kürzlich einen ganz neuen Stadtrundgang auf die Beine gestellt und als Faltplan mit vielen Bildern und Erklärtexten veröffentlicht hat. Erhältlich ist er natürlich im SMÄK selbst. Dieser Ort ist daher der ideale Einstiegspunkt in die Tour, die … ja wohin eigentlich führt? Zu himmelhohen Pyramiden und Sphinx-Statuen?

Naja, nicht ganz. Folgt man dem sechs Kilometer langen Spaziergang, muss man schon genauer hinsehen und immer wieder nachlesen. Wer sich die Zeit nimmt, ist dann aber umso erstaunter, wie viele altägyptische Spuren und Symbole sich tatsächlich im Münchner Stadtbild verbergen. Da sind natürlich zum einen die zahlreichen Obelisken, die etwa die Ostfassade des Justizpalastes an der Prielmayerstraße oder auch den Karolinenplatz schmücken. Im Alten Ägypten symbolisierten sie die Strahlen des Sonnengottes, doch noch Jahrtausende später waren Bildhauer und Architekten aus aller Welt von dieser Form so angetan, dass sie sie immer wieder nachahmten. Macht ja auch was her, so ein riesiger »Bratspieß« aus Granit. Kein Scherz, der Begriff »Obelisk« geht auf das griechische »Obelískos« zurück – und bedeutet wortwörtlich übersetzt genau das.

Spannend ist auch die Geschichte, die ein Wandbild am Marienplatz erzählt, genauer gesagt an der Fassade der Hausnummer 17. Über Generationen hinweg wurde es immer wieder erneuert, zeigt aber seit jeher einen hageren, bärtigen Riesen, der sich auf seinem Wanderstock abstützt und etwas ratlos auf all die Menschen herabblickt, die tagtäglich mit prall gefüllten Einkaufstüten an ihm vorbeiziehen. Sankt Onuphrius heißt der alte Herr, nicht etwa Christophorus, wie man vielleicht vermuten könnte. Einst zog er sich in die ägyptischen Wüste zurück und lebte dort einsam und gottesfürchtig bis ans Ende seiner Tage. Glaubt man der Legende, brachte Heinrich der Löwe die Knochen des Eremiten später als Souvenir von seinen Kreuzzügen mit nach Hause – und ernannte Onuphrius kurzerhand zum Stadtpatron. Bald darauf kannte den zauseligen Wüstenheiligen in München jedes Kind.

Von der Fußgängerzone führt der Rundgang weiter zum Alten Botanischen Garten, dann zum Königsplatz und schließlich westwärts Richtung Hofgarten und Residenz. Und wer ihn bis zum Ende geht, freut sich noch über so manch anderes Aha-Erlebnis. Einen Stopp hat das SMÄK-Team natürlich auch am Ägyptischen Museum an der Gabelsberger Straße eingeplant. Denn dort, in den weiten, schummerigen Ausstellungsräumen tief unter der Erde, warten geheimnisvolle Hieroglyphen, märchenhafte Statuen und viele andere Originalrelikte aus der Zeit der Pharaonen, die man freilich nirgendwo sonst in der Stadt einfach so am Wegesrand findet.

Das lauschige, charmante Leone Caffè ist nur einen Schlenker vom Königsplatz entfernt. Hervorragend sind Espresso und Cappuccino, beliebt sind aber auch die kleinen italienischen Süßigkeiten, Snacks und Mittagsgerichte – sowie der Blick durch das große Schaufenster auf die Passanten.

Augustenstraße 25, 80333 München, Tel. 089/45 23 49 85, www.leone-caffe.business.site

ZENTRUM UND MAXVORSTADT

Pinakothek der Moderne, Barer Straße 40, 80333 München,
Innenbesichtigung nur im Sommer Do–So 15–18 Uhr, www.pinakothek.de,
Tram, Bus: Pinakotheken

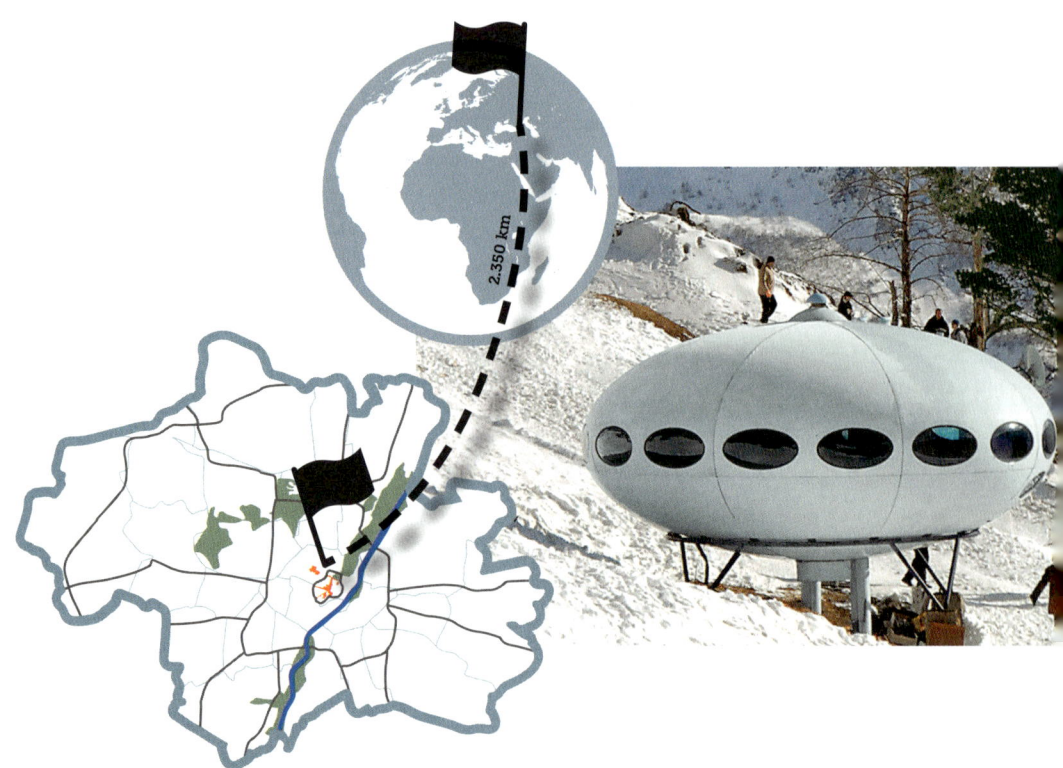

⓴ Pinakothek der Moderne
Dombai, Russland

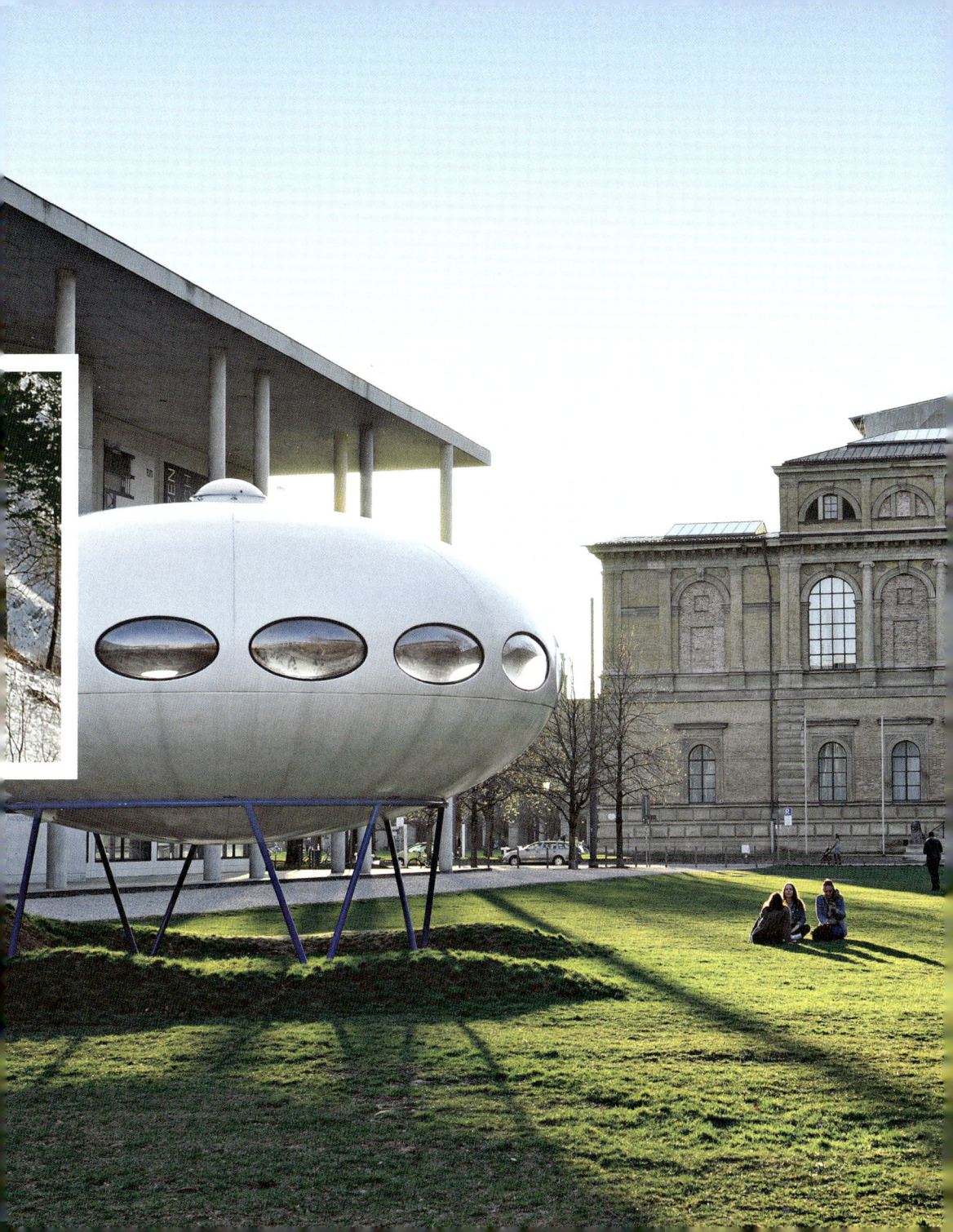

Einsteigen, anschnallen, abheben? Dass die kleine, fliegende Untertasse, die 2017 vor der Münchner Pinakothek der Moderne gelandet ist, vom Filmset der »Raumpatrouille Orion« oder einer anderen kultigen Science-Fiction-Serie stammt, ist ein häufiges Missverständnis. Sie sieht zwar aus wie ein Raumschiff, ist aber keines. Vielmehr wurde der charmante Ellipsoid ursprünglich – so kurios das heute klingen mag – als Skihütte und Ferienhäuschen konzipiert. Denn so hatte sich Matti Suuronen eben einst die Zukunft des Tourismus und des Wohnens vorgestellt.

Futuro tauften der finnische Architekt und seine Auftraggeber 1968 ihr avantgardistisches Wochenenddomizil, das so klein und clever konstruiert war, dass man es auf den entlegensten Gipfeln, in den einsamsten Tälern oder auch an den schönsten Stränden der Welt platzieren konnte. Dafür mussten nur insgesamt 16 Fertigteile aus ebenso stabilem wie ultraleichtem Kunststoff angeliefert, am Wunschort verschraubt und zuletzt auf ein schlankes Podest gehievt werden, dessen Füße aus Stahlrohr sich flexibel an die Beschaffenheit des Geländes anpassen ließen. Am schnellsten ging der Umzug freilich mit dem Hubschrauber über die Bühne: Durch die Luft, an der Seilwinde konnte das Häuschen als Ganzes, inklusive Mobiliar transportiert werden. Am Ziel angekommen bot es dann bis zu acht Personen Platz, die auf immerhin 25 Quadratmetern entspannen, kochen, feiern, schlafen und sich noch dazu – das verrät eine Werbebroschüre aus damaliger Zeit – in der Mitte des Wohnbereichs vor einem offenen Kaminofen die Füße wärmen konnten.

Noch erstaunlicher als ihr ausgeklügeltes Design ist jedoch die Tatsache, dass die futuristischen Behausungen Ende der 1960er-Jahre sogar in Serie produziert wurden: Rund 100 Stück liefen bis 1973 vom Band, und fast schien es, als sei das der Beginn einer weltweiten Erfolgsstory. Doch dann kam die Ölkrise, und mit ihr verdreifachten sich die Kunststoffpreise – Futoro war plötzlich Geschichte. Die letzten Exemplare der exotischen Plastikhütten finden sich heute verstreut über den ganzen Globus. Manche verwittern und zerbröckeln langsam auf Privatgrundstücken irgendwo zwischen Neuseeland und North Carolina, andere wurden zu Kiosken und Gartenhäuschen umfunktioniert oder – wie in München – von Museen gekauft und dann liebevoll restauriert. Seiner ursprünglichen Bestimmung am nächsten kommt vermutlich die kleine graue Kapsel, die hoch oben im russischen Wintersportort Dombai an einem Steilhang klebt und schon seit vielen Jahren als Hotel genutzt wird. Durch eine kleine, ausklappbare Treppe gelangt man an Bord, und durch die 20 ovalen Plexiglasfenster haben Gäste einen atemberaubenden Rundumblick auf die schneebedeckten Gipfel des Nordkaukasus. Ein unwirtliches Universum, aber genau dafür hatte Matti Suuronen seine Futuros ja einst entworfen.

Gut möglich, dass man vorm Ballabeni im Sommer ein Weilchen in der Schlange steht, denn hier gibt's eben immer noch das leckerste Eis der Stadt. Und die beste Sorte? Einfach alle durchprobieren!

Theresienstraße 46, 80333 München, www.ballabeni.de, tgl. 11.30–21 Uhr

ZENTRUM UND MAXVORSTADT

Türkentor, Türkenstraße 17, 80333 München,
April–Okt. Di–So 11–17, Nov.–März 12–15 Uhr, www.pinakothek.de,
Bus: Maxvorstadt/Sammlung Brandhorst

⑭ Türkentor
Naoshima, Japan

Das Runde musste ins Eckige, irgendwie: Wer sich die »Large Red Sphere« des amerikanischen Landart- und Konzeptkünstlers Walter De Maria im Türkentor gleich neben dem Museum Brandhorst ansieht, staunt nicht schlecht. Vor allem natürlich über den monumentalen, makellos glattpolierten Ball aus rotem Granit, der mit 2,60 Meter Durchmesser wie das Ei eines außerirdischen Ungeheuers aussieht. Aber man staunt auch darüber, wie diese fast 30 Tonnen schwere Wuchtbrumme von Kunstwerk damals überhaupt in ihr doch recht enges Domizil auf dem Münchner Kunstareal befördert wurde? Durchs offene Dach, mit dem Kran, Millimeterarbeit, klärt schmallippig der Museumswärter auf, der diese Frage scheinbar öfter zu hören bekommt.

Im Jahr 2010 war das. Dazu muss man wissen, dass der kleine, gedrungene Würfelbau am Türkentor nicht irgendein x-beliebiges Galeriegebäude ist. Er ist vielmehr ein Schrein, der eigens für Walter De Marias Megakugel geplant und dann in enger Abstimmung mit dem Künstler an die denkmalgeschützten Reste der ehemaligen Türkenkaserne angedockt wurde. »One Room, one work« lautete die Idealvorstellung des Minimalisten aus Kalifornien, der bereits Ende der 1960er-Jahren in München für Furore sorgte, als er die Zimmer einer Galerie in der Maximilianstraße mit 50 Kubikmeter Torf füllte; Fußboden, Wände und Erde verschmolzen dabei zu einem Gesamtkunstwerk. Und so ist es auch mit der »Large Red Sphere«, die wie ein Heiligtum auf ihrem Stufenpodest thront, das von vier dorischen Säulen aus rauem Stein und knorrigen Holzbalken eingerahmt wird: Erst im Wechselspiel mit dem weichen Licht, das durch Fenster in die kantige Enge des Raums fällt, und dem Materialmix um sie herum, der sich – wie auch die Betrachter – auf ihrer Oberfläche spiegelt, entfaltet die Kugel ihre (geheimnis-)volle ästhetische Wirkung.

Für Kreisrundes im XXL-Format begeisterte sich der 1935 geborene und 2013 verstorbene De Maria übrigens erst gegen Ende seines Schaffens, und wer ähnlich imposante Granitbälle des Künstlers bestaunen will, muss um den halben Globus fliegen: Da wäre zum einen die »Large Grey Sphere« (2015), eines der letztes Werke De Marias, das sich bis heute jedoch hinter den hohen Mauern eines privaten Luxusanwesens auf Long Island versteckt. Öffentlich zugänglich sind hingegen die beiden Installationen »Time/Timeless/No Time« (2004) und »Seen/Unseen, Known/Unknown« (2000), die man in den Gärten und Ausstellungsräumen auf der Museumsinsel Naoshima im südlichen Japan besichtigen kann. Erstgenannte besteht sogar aus zwei identischen, schwarz-grün schimmernden Granitkugeln, die ihre Betrachter wie riesige Augäpfel in ihren Bann ziehen.

Wie lange Josef »Hacki« Haag schon in der Cabane-Bar hinterm Tresen steht, weiß er vermutlich selbst nicht mehr. Fest steht: Seine ehrlich-urige Kneipe mit 1960s-Flair genießt in der Maxvorstadt schon seit Jahrzehnten Kultstatus.

Theresienstraße 40, 80333 München, Mo–Do ab 18 Uhr, www.cabanebar.de

ZENTRUM UND MAXVORSTADT

St.-Patrick's-Day-Parade: Münchner Freiheit–Odeonsplatz,
Sonntag vor dem 17. März

⓯ St. Patrick's Day, Ludwigstraße
Dublin, Irland

»Grün, grün, grün sind alle meine Kleider …« und nicht nur die, sondern auch jede Menge Münchner Wahrzeichen, wenn sie einmal im Jahr am St. Patrick's Day grün beleuchtet werden: die Allianz Arena, der Fernsehturm, das Rathaus, die Staatsoper, das Hofbräuhaus. Lá Fhéile Pádraig ist der unaussprechliche gälische Name für den Tag des irischen Nationalheiligen Patrick am 17. März, und wer das weltweite Treiben rund um diesen Tag bislang noch nicht verfolgt hat, fragt sich jetzt vielleicht, was dieser irische Feiertag denn eigentlich in München macht. Nun, ganz einfach: Er wird gefeiert.

Und wie! München ist damit übrigens nicht allein, denn die lebenslustigen, trinkfesten, überall in der Welt verstreuten Iren haben es mithilfe einer Initiative des irischen Tourismusamtes fertiggebracht, ihren Nationalfeiertag der ganzen Welt, naja, sagen wir mal einzuschenken, denn eingeschenkt wird ja kräftig, vor allem natürlich Guinness und Kilkenny. »Global Greening« heißt die junge Tradition, am 17. März alles Mögliche zu begrünen, nicht nur berühmte Gebäude wie die Oper in Sydney oder die Jesusstatue in Rio de Janeiro, sondern selbst den Chicago River, der ebendort am St. Patricks Day in typisch irischer, smaragdgrüner Laubfrosch-im-Gras-Farbe fließt. Die Isar darf ihre normale Farbe behalten, dafür leuchten in München nicht nur die Gebäude, sondern es gibt auch eine große Parade. Vielmehr: Um den 17. März findet hier das größte Event zu diesem Feiertag auf dem europäischen Festland statt!

Angefangen hat alles mit dem Musiker und Barbetreiber Paul Daly, der vor über dreißig Jahren aus Dublin nach München kam, mit dem Shamrock die erste irische Kneipe der Stadt gründete und im Jahr 1996 gemeinsam mit anderen hier lebenden Iren die Parade ins Leben rief. Man rechnete mit 300 Teilnehmern. Es kamen damals schon 3 000. Die Zahl hat sich inzwischen verzehnfacht, 2019 etwa bevölkerten über 30 000 Teilnehmer die Leopoldstraße und den Odeonsplatz: Spielmannszüge, Tanz- und Trommelgruppen, Bands, Fahnenschwinger und Kostümierte und natürlich Zuschauer. Warum ausgerechnet die Münchner sich so für die irische Tradition begeistern können? Naja, die Gemeinsamkeiten natürlich! Bier, Musik, Feiern. Und weiß-blau-grün ist ja auch eine schöne Farbkombi.

Irisch feiern, irisch futtern. Das Kilian's hat eine umfangreiche Speisekarte mit Fingerfood, Burgern, Sandwichs und natürlich die obligatorischen irischen Biersorten.

Frauenplatz 11, 80331 München, Mo–Do 16–1, Fr–Sa 11.30–3, So 12–1 Uhr, www.kiliansirishpub.de

ZENTRUM UND MAXVORSTADT

Siegestor, Leopoldstraße 1, 80539 München,
Bus: Siegestor

⑯ Siegestor
Arc de Triomphe, Paris

Aus dem Tunnel an die Oberfläche, und da ist er schon: der Triumphbogen. Ein Gigant aus Stein, umflossen vom Verkehr, der selbst nachts nie ganz abreißt. Die Freifläche dient Touristen, Models und Bands als Fotomotiv, das Bauwerk selbst bietet, an exponierter Stelle im Stadtbild, den Blick auf eine baumgesäumte Prachtstraße und Flaniermeile, wo Essen und Trinken deutlich höher bepreist sind als im Rest der Stadt. Klingt alles nach dem Arc de Triomphe und den Champs-Élysées, oder? Münchenkenner wissen aber: Es könnte auch vom Siegestor die Rede gewesen sein, gleich beim U-Bahn-Ausgang Universität. Mit dem Stern aus 12 (!) Straßen, die auf der Place Charles-de-Gaulle aufeinandertreffen, in deren Mitte der Arc de Triomphe ruht wie ein einsamer, stolzer Alleinherrscher, kann die vergleichsweise bescheidene Kreuzung am Siegestor zwar nicht ganz mithalten. Aber immerhin, hier endet die königlich prächtige Ludwigstraße und beginnt die Leopoldstraße, Lieblingsfeiermeile und Paradenstraße der Münchner aller Nationen, die gerade ein Fußballspiel gewonnen haben. Auf den Champs-Élysées machen sie es genauso.

Inzwischen sind Triumphbögen ja aus der Mode gekommen. Aber in der römischen Antike wurde mit ihnen an siegreiche Schlachten, große Heldentaten und bedeutende gesellschaftliche Ereignisse erinnert, und dazu gehörte auch immer ein ordentlicher Triumphzug der Herrscher und Feldherren durch den Bogen. Die heutigen Fußballparaden erinnern also ein wenig an diese jahrhundertealte Tradition, die auch im 19. Jahrhundert noch existierte, als der Pariser Arc de Triomphe und das Münchner Siegestor errichtet wurden. Die Architekten fanden ihre Inspiration in Rom: Beim Arc de Triomphe diente der eintorige Titusbogen aus dem 1. Jahrhundert, beim Siegestor der dreitorige Konstantinbogen aus dem 4. Jahrhundert als Vorlage. Mit dem Arc de Triomphe wollte sich Napoleon, ganz selbstgefälliger Feldherr, im Jahr 1806 selbst ein Denkmal setzen, erlebte die Fertigstellung 1836 aber nicht mehr – und auch nicht den Bau des Siegestores von 1843 bis 1859, der ihn bestimmt geärgert hätte. Denn Ludwig I. gab den bayerischen Triumphbogen mit der Bavaria und dem Löwengespann zu Ehren des bayerischen Heeres in Auftrag, wovon auch die Inschrift auf der Nordseite zeugt, die an das siegreiche Ende der Befreiungskriege im Jahr 1815 erinnern soll – der Befreiung von Napoleon Bonaparte nämlich.

Die fürchterlichen Weltkriege aber haben die Münchner wie die Pariser veranlasst, ihre Triumphbögen heute zur mahnenden Erinnerung zu nutzen. Unter dem Torbogen des Arc de Triomphe befindet sich seit Ende des Ersten Weltkrieges zum Gedenken an die Toten, die nie identifiziert werden konnten, das Grab des unbekannten Soldaten mit der Ewigen Flamme. Das schwer beschädigte Siegestor wurde nach dem Zweiten Weltkrieg als Mahnmal wiederaufgebaut, auf der Südseite steht seither »Dem Sieg geweiht, vom Krieg zerstört, zum Frieden mahnend«.

Das Café an der Uni, kurz Cadu, ein Studentenlokal mit jungem Publikum, gibt es gefühlt schon immer. Vom Siegestor nur fünf Minuten Richtung Innenstadt, warten dort Kaffee und Cappuccino und eine große Kuchenauswahl genauso wie Pizza, Pasta, Salat oder Burger und dazu Bier, alkoholfreie Schorle oder alkoholhaltige Getränke in zig Varianten.

Ludwigstraße 24, 80539 München, So–Do 11.30–1, Fr, Sa 11.30–3 Uhr; www.cadu.de

ZENTRUM UND MAXVORSTADT

Biergarten & Restaurant am Chinesischen Turm, Englischer Garten 3, 80538 München,
www.chinaturm.de,
Bus: Chinesischer Turm

⑰ Englischer Garten
Nanjing, China

Pagoden, das sind diese harmonisch geformten asiatischen Turmbauten, die in ihren Herkunftsländern meistens von viel Grün umgeben in ebenso harmonisch gestalteten Parks herumstehen und dabei kontemplative Ruhe ausstrahlen. Auf den Chinesischen Turm im Englischen Garten trifft das weitgehend auch zu, nur wer dort ruhige Momente sucht, muss mindestens den Herbst abwarten. Denn erst wenn der Biergarten am Turm – immerhin der zweitgrößte Münchens – seine Pforten schließt, verschwinden die Scharen an Biertrinkern, Ochsensemmel- und Bratwürstl-Essern, Ausflüglern und Touristen. Und wenn dann nicht gerade der Weihnachtsmarkt stattfindet, wacht der Turm nur mehr über einzelne heimische Spaziergänger und Jogger, die ihn keines Blickes würdigen. Einheimische sind seinen Anblick so gewöhnt, dass ihnen gar nicht mehr auffällt, wie exotisch er eigentlich aussieht.

Das tut er aber! Der Chinesische Turm in München ist das Ergebnis einer interessanten geografisch-architektonischen Flüsterpost rund um den Erdball. Die begann vor vierhundert Jahren in den Niederlanden, in Uelsen, wo im Jahr 1618 der spätere Abenteurer und Weltumsegler Johan Nieuhof zur Welt kam, der den größten Teil seines Erwachsenenlebens damit verbringen sollte, in ferne Länder zu reisen, zum Beispiel nach China. Nieuhof war auch ein begabter Zeichner und Schriftsteller, dessen Bücher, Berichte und Skizzen maßgeblich zu einem neuen Chinabild in Europa beitrugen – und zur sogenannten Chinoiserie, der Begeisterung für asiatische Motive in der Kunst, für asiatische Möbel, Gärten, Architektur. So kam es, dass Nieuhofs detailreiche Zeichnung der Porzellanpagode von Nanjing, der Hauptstadt der heutigen Provinz Jiangsu, Vorbild für die 1762 fertiggestellte Pagode in den Londoner Royal Botanic Gardens wurde.

Nach deren Vorbild wiederum entwarf der ursprünglich aus Mannheim stammende Architekt und Ingenieur Joseph Frey seinen Chinesischen Turm für München, der mit dem Englischen Garten im Jahr 1792 eröffnet wurde. Den Vorbildern sieht er allerdings nicht richtig ähnlich: Die Porzellanpagode von Nanjing war, wie der Name schon sagt, mit Porzellanplatten verkleidet und ragte schlank und stolz, sich nach oben kaum verjüngend, neun Stockwerke und 80 Meter empor. Die Pagode in London ist, ebenfalls sehr elegant, eine Ziegelsteinpagode mit sogar zehn Stockwerken und 50 Metern Höhe. Der fünfstöckige Chinesische Turm, nur halb so hoch und unten dreimal so breit wie oben, ist im Vergleich ein gedrungenes Dickerchen, das aber das Kunststück fertigbringt, gleichzeitig eine feingliedrige, luftige Holzkonstruktion zu sein. Damit passt er gut nach München: gemütlich und schick zugleich.

Der Originalturm brannte im Zweiten Weltkrieg vollständig ab, heute steht hier eine Rekonstruktion von 1952. Auch die schon Anfang des 15. Jahrhunderts erbaute Porzellanpagode wurde einst gewaltsam vernichtet: während des Taiping-Aufstands 1851–1864. Bis zur Rekonstruktion dauerte es deutlich länger. Erst seit 2010 steht in Nanjing ein Nachbau, jedoch nicht aus Porzellan, sondern aus Glas und Stahl.

Bei schönem Wetter ist der Biergarten am Turm auch in der kalten Jahreszeit geöffnet. Ansonsten sitzt und speist es sich nach einem Spaziergang durch den Park sehr nett im Seehaus am Kleinhesseloher See.

Kleinhesselohe 3, 80802 München, tgl. 11.30–24, So Frühstück ab 10 Uhr, www.kuffler.de

ZENTRUM UND MAXVORSTADT

Eisbachwelle, Prinzregentenstraße, 80538 München,
Tram, Bus: Nationalmuseum/Haus der Kunst

⑱ Eisbachwelle
Oahu, Hawaii

Auf Hawaii gibt es ja bekanntlich kein Bier. Bereits 1963 machte der Pianist und Schlagerstar Paul Kuhn auf dieses Dilemma aufmerksam, natürlich im Dreivierteltakt. Er wolle ja prinzipiell und gerne heiraten, heißt es im Text seines Ohrwurms. Aber Flitterwochen auf Hawaii? Das komme nun wirklich nicht in Frage: Zu weit, zu heiß – und nur »Hulahula« reiche schließlich nicht aus, um seine trockene Kehle zu befeuchten und glückselig zu werden.

Eine Argumentation, die bis heute insbesondere allen Münchnern einleuchtet. Hier bleibt man ohnehin am liebsten Single und achtet zudem auf seinen ökologischen Fußabdruck. Und wenn es um bierselige Gastlichkeit geht, übertrumpft die Heimat ohnehin jedes noch so exotische Reiseziel. Dass sich jedoch ausgerechnet die bayerische Landeshauptstadt zum Dorado für Wellenreiter entpuppt hat, machte sogar den US-Popstar und leidenschaftlichen Surfer Jack Johnson neugierig. So stürzte sich der gebürtige Hawaiianer vor geraumer Zeit selbst in die Münchener Eisbachwelle, verlor aber in den reißenden Fluten schon nach wenigen Sekunden die Balance.

»Hang Loose!« Johnson nahm's mit Humor; der Kanal hat eben ordentlich Wumms. Von der Isar gespeist, verläuft er großteils unterirdisch und tritt erstmals an der Südspitze des Englischen Gartens zutage, wo er sich an einer Steinstufe zur furiosen stehenden Welle auftürmt. Früher war es verboten, hier zu surfen. Mittlerweile hat die Stadt aber für klare Verhältnisse und Regeln gesorgt, was die Eisbachwelle freilich noch attraktiver macht … und so manchen Besucher in Staunen versetzt: »Was ist das denn?!«, lautet die typische Frage, wenn ein Münchner Surfergirl oder Surferboy mal wieder barfuß im Neoprenanzug durch Schwabing radelt, das Board lässig unter den Arm geklemmt. Böse Zunge behaupten übrigens, es gebe mittlerweile viele Nachahmer dieses coolen Looks – mit eher modischen denn extremsportlichen Ambitionen. Mag sein, auch das ist eben typisch München.

Unter den echten Eisbachsurfern tummeln sich zum Glück nur wenige Aufschneider und bunte Vögel: Am Einstieg in die Welle geht es konzentriert und manchmal fast schon demütig zu. Dass die Szene auf ihre Sicherheit achtet, spürt man jedenfalls deutlich. »Eine Welle, ein Surfer« lautet die eiserne Regel. Und so müssen eben auch alte Hasen geduldig in der Schlange stehen und warten, bis sie wieder an der Reihe sind. Denn Respekt vor dem wuchtigen Wasserberg hat hier jeder. Tückisch sind vor allem die kantigen Steinquader, die sich in den Tiefen der Stromschnelle verbergen; auch Profis haben sich an ihnen bereits böse verletzt. Kein Wunder also, dass Amateure, die sich blauäugig in die Fluten stürzen wollen, von besorgten Lokalmatadoren schnurstracks wieder nach Hause geschickt werden – oder zur kleinen, deutlich harmloseren Eisbachwelle einen halben Kilometer flussabwärts.

Wer die Münchner Wellenakrobaten aus nächster Nähe erleben will: Von der Brücke an der Prinzregentenstraße kann man den Surfern am besten zusehen. Und kühles Bier gibt's bei Fräulein Grüneis, einem Kiosk nicht weit von hier!

In Fräulein Grüneis' Kultkiosk werden nicht nur Surfer satt. Gekocht wird mit frischen regionalen Zutaten, immer gesund und mit viel Gemüse. Kaffee, Kuchen, Bier und Limonade gibt's natürlich auch.

Lerchenfeldstraße 1a, 80538 München, Mo–Fr ab 8, Sa/So ab 10 Uhr bis zur Dunkelheit,
www.fraeulein-grueneis.de

ZENTRUM UND MAXVORSTADT

Griechisch-orthodoxe Kirchengemeinde Verklärung des Erlösers zu München, Salvatorplatz 17, 80333 München,
www.salvatorkirche-münchen.de,
U-Bahn, Bus: Odeonsplatz

⓳ Salvatorkirche
Thira, Santorin

Das soll eine griechisch-orthodoxe Kirche sein? Niemals! Griechenlandurlauber wissen genau: Die sehen ganz anders aus. Das sind doch eigentlich Kreuzkuppelkirchen, oft genauso breit wie lang, in der Form eines griechischen Kreuzes mit vier gleich kurzen Armen und einer Kuppel – mindestens. Abgesehen vom kompakten, rundlich-gedrungenen Aussehen leuchten sie fast immer strahlend weiß, nur ihre Kuppeldächer sind gern blau, manchmal auch rot. Jedenfalls erinnern sie nicht an die Münchner Salvatorkirche: diesen lang gestreckten, schmalen Backsteinbau ohne Kuppel, dafür aber mit einem hohen, spitzen Kirchturm und gotischen Fenstern. Trotzdem: Wer in München eine griechisch-orthodoxe Kirche sucht, wird hier fündig.

Die äußere Hülle der Salvatorkirche täuscht, innen leuchten den Besuchern goldglänzende Ikonen entgegen, wie man es vom Kirchenbesuch in Griechenland kennt. Die Ikonostase, die Trennwand zwischen Kirchenschiff und Altarraum, entwarf kein Geringerer als Leo von Klenze. Der Ikonenschmuck darauf stammt jedoch vom griechischen Maler Euthymios Dimitrou. Die Gottesdienste sind griechisch oder zweisprachig griechisch-deutsch. Die Priester tragen ein Phelonion, das typische liturgische Obergewand, es werden immer viele Kerzen angezündet und die Heiligenbilder geküsst. Wer das wichtigste Fest der orthodoxen Griechen in München miterleben will, sollte an Ostern vorbeisehen. Dann kommen alle. Ostern wird noch intensiver gefeiert als Weihnachten.

Die Kirche, wenn sie sprechen könnte, würde vielleicht sagen, dass sie ganz froh ist, einer stabilen, treuen Glaubensgemeinschaft zu gehören. Denn die Salvatorkirche wurde 1494 als Friedhofskirche der Frauenkirche gebaut, 1803 aber säkularisiert und zum Abbruch freigegeben, woraus nur deshalb nichts wurde, weil der Bau inzwischen als Depot diente. 1806 schenkte König Max I. Joseph die Kirche den Protestanten, die sie aber nicht für Gottesdienste nutzen konnten, weil sie nach wie vor als Abstellraum gebraucht wurde. Schließlich überließ Griechenland- und Ikonenliebhaber König Ludwig I. die Kirche 1828 den in München lebenden Griechen. Ein Jahr später fand die erste griechisch-orthodoxe Liturgie statt und die ursprünglich katholische Kirche bekam den Namen »Griechische Kirche zum Erlöser«. Heute darf sie sich rühmen, das Zentrum der größten und ältesten griechisch-orthodoxen Gemeinde in Deutschland zu sein, ob man ihr das von außen nun ansieht oder nicht.

Direkt neben der Kirche beherbergt das Literaturhaus die elegante Oskar Maria Brasserie. Es gibt feine Gerichte mit raffiniertem Touch und eine gute Weinauswahl. Am Wochenende auch Frühstück mit Bowls und Eierspeisen.

Salvatorplatz 1, 80333 München, Mo–Sa 11–23, So 11–18 Uhr, www.oskarmaria.com

ZENTRUM UND MAXVORSTADT

Karl-Stützel-Platz, 80333 München,
Bus: Elisenstraße

(20) Beim Alten Botanischen Garten
Grandvalira, Andorra

Wie war das nochmal mit dem perfekten Kreis? Manch einer erinnert sich vielleicht noch dunkel an den Geometrieunterricht: Perfekte Kreise existieren nur in unserer Vorstellung. Schuld daran ist die Kreiszahl »Pi« mit ihren unendlich vielen Nachkommastellen. Sie exakt zu bestimmen würde … genau, bis in alle Ewigkeit dauern! So müssen Architekten und Ingenieure denn auch bis heute – allem technischen Fortschritt zum Trotz – mit mehr oder weniger akkuraten Näherungswerten arbeiten, wenn sie beispielsweise die Grundfläche einer Scheibe oder das Volumen einer Kugel berechnen wollen. »Pi mal Daumen« eben. Doch so sperrig und unvollkommen die Kreiszahl aus Sicht der Mathematik auch sein mag: Fast alle Formen, in denen »Pi« schlummert und die dann von der Natur oder von Künstlern zum Leben erweckt werden, wirken so harmonisch und vollendet, dass sie uns Menschen in ihren Bann ziehen.

Klar, je größer der Kreis, desto nachhaltiger ist dieser Wow-Effekt. Aus nächster Nähe erleben kann man das am vom Verkehr umtosten Karl-Stützel-Platz unweit des Münchner Hauptbahnhofs gleich neben dem Alten Botanischen Garten. Hier wölbt sich seit 2001 der zwölf Meter hohe Ring des italienischen Bildhauers Mauro Staccioli in den Himmel. Rund 14 Tonnen bringt die in warmes Dunkelrot getünchte Konstruktion aus Beton und Stahl auf die Waage, die wie der Armreif eines Riesen aussieht und gleichzeitig leicht und sogar flüchtig wirkt – was auch daran liegt, dass das Kunstwerk scheinbar kaum den Boden berührt und noch dazu leicht in Schräglage montiert wurde. Je nachdem, von welcher Seite man sich ihm nähert, hat man den Eindruck, es könnte beim leisesten Windhauch entweder umkippen, abheben oder über die Elisenstraße einfach davonrollen.

»Anelli«, also schlicht »Ringe«, nannte der in der Toskana geborene und 2018 verstorbene Künstler seine ebenso imposanten wie minimalistischen »Luftlöcher«, die man rund um den Globus bestaunen kann – und das nicht nur in Großstädten wie beispielsweise Rom oder Mönchengladbach, sondern vor allem auch im ländlichen Raum. Ein besonders eindrucksvoller Staccioli-Ring, mit exakt den gleichen Dimensionen wie sein Münchner Pendant, thront auf einer einsamen Anhöhe im Skigebiet Grandvalira in Andorra, oberhalb der Skistation Ordino Arcalís. Hier, vor der Kulisse der fast 3 000 Meter hohen Pyrenäengipfel, hat die Ringskulptur schon fast etwas Mystisches und sieht aus wie ein geheimnisvolles, kreisrundes Tor in eine andere Welt.

Vielen ist das Parkcafé noch als feucht-fröhlicher Nachtclub bekannt. Heute lockt das Lokal am Alten Botanischen Garten tagsüber mit bayerisch-moderner Gemütlichkeit, Schmankerln und einem traumhaften Biergarten.

Sophienstraße 7, 80333 München, Biergarten: Mo–Fr 17–21, Sa/So 12–21 Uhr, www.parkcafe089.de

NORDEN UND WESTEN

Jones – K's Original American Diner, Karlstraße 56, 80333 München,
Mi–So 17–22 Uhr, www.jones-diner.com,
Tram, Bus: Karlstraße

㉑ Diner in der Karlsstraße
Santa Monica, Kalifornien

Die schnellste USA-Reise aller Zeiten: Nur ein paar Schritte von der Trambahnhaltestelle in die Karlstraße 56 und durch die Glastür mit dem Schild »open«, und schon ist man in Amerika. Wo Lilly, Mandy, Bela oder Chris sich mit Namen vorstellen, bevor sie die Bestellung aufnehmen, die Coke mit Eiswürfeln serviert wird, ausschließlich amerikanisches Essen auf der konsequent englischsprachigen Speisekarte steht – Burger, Sandwiches, Milkshakes, Fries – und die Gäste auf gepolsterten rot-weißen Bänken an Tischen sitzen, die wie im Eisenbahnabteil angeordnet sind. Das klassische Diner eben, 1950er-Jahre pur, wie zu seiner Blütezeit in den USA. Und so gesellt sich zur USA-Reise noch eine kleine Zeitreise. An den Wänden hängen amerikanische Nummernschilder und alte Werbeschilder für Ice Cream oder Coca-Cola, die Kellnerinnen tragen ein typisches Retro-Outfit mit schwarzem Kleid und weißer Schürze, die Kellner schwarze Hose und schwarze Fliege zum weißen Hemd. Im Hintergrund läuft die passende Musik, Elvis, Chuck Berry, Frank Sinatra, was so unaufdringlich wie anregend ist. Die Playlists stellt die Betreiberin Nathalie Kunze selbst zusammen, die auch das Stars-and-Stripes-Logo entworfen hat. Das Diner ist ihr Herzensprojekt, und das spürt man. Eine Familiensache ist es auch. Das K im Logo bei »K's Original« steht für Kunze.

Dass man diesen Ausflug in die USA machen kann, ist Nathalies Söhnen Dennis und Phillip zu verdanken, die früher bei den München Rangers American Football spielten. »Mama, München hat kein Diner«, stellten die beiden schon fest, als sie noch zur Schule gingen. »Lass uns eins machen, aber richtig.« Und dann machten sie eins, aber richtig. Suchten ein Ladengeschäft und bauten es um. Importierten Sitze, Tische und viele Details wie die Ball Mason Jars, die stylishen amerikanischen Einmachgläser, oder die Menagen für Salz und Pfeffer aus den USA. Engagierten Münchner Footballspieler und Cheerleader als Mitarbeiter, von denen viele bis heute Stammkunden sind. Im Oktober 2013 wurde das Diner eröffnet. Seither backen, braten, grillen, frittieren Nathalie und ihre Crew stilecht nach amerikanischen Originalrezepten.

Überhaupt liegt die starke Verbindung in die USA in der Familie: Ein Onkel von Nathalie Kunze eröffnete schon in den 1950er-Jahren eine Eisdiele in New York, ihr Vater heiratete vor gut vier Jahrzehnten in zweiter Ehe eine Kalifornierin und lebt seitdem in L. A., wo der Großvater seit den 1960er-Jahren ebenfalls ein Diner betreibt. Der jüngere der beiden Söhne, Phillip, lebt heute selbst in Kalifornien und führt das Diner von dort aus zusammen mit seiner Mutter. Neue Rezepte besprechen sie am Telefon. Immer, wenn er zu Besuch in München ist, wird alles getestet. Und apropos Telefon: Reservieren geht nur telefonisch, nicht online. Man will ja wissen, wer kommt, ob jemand Geburtstag hat oder kleine Kinder dabei sind, dann gibt es entsprechende Deko oder den Tisch mit der Bank am Fenster, auf die man auch mit Füßen steigen darf. Es ist schließlich ein Familienrestaurant, und während des Aufenthalts gehören auch die Gäste dazu.

Achtung! Ein Diner ist kein Fast-Food-Restaurant. Bitte nicht verwechseln. Im Jones wird alles frisch zubereitet, mit Zutaten in Bioqualität, und man achtet auf Müllvermeidung. Ein Tipp sind die Milkshakes, die fast schon satt machen, wären Pommes und Retro-Burger nicht so lecker.

NORDEN UND WESTEN

Zwischen den Stadtvierteln Schwanthalerhöhe und Neuhausen-Nymphenburg, 80339 München, S-Bahn: Donnersberger Brücke

22 Arnulfsteg
Lille Langebro, Kopenhagen

Der Arnulfsteg, Münchens neueste Brücke für Fuß- und Radverkehr, ist zum Gernhaben. Allein schon deshalb, weil er teils an eine gigantische Murmelbahn erinnert: Auf der Seite zur Schwanthalerhöhe endet er in einer weiten Schleife, auf der Seite zum Arnulfpark gar in einer kreisrunden Spirale. Das ist nicht nur architektonisch modern gedacht, sondern auch freundlich zu Fahrradfahrern, Rollstuhlfahrern und Kinderwagenschiebern. Dazwischen erstrecken sich 240 Meter aus schickem Glas und Stahl geradewegs über 37 Bahngleise. Der perfekte Trainspotting-Spot für alle Zugliebhaber, denn der gläserne Seitenrausfallschutz ist gleichzeitig Windschutz und erlaubt damit einen – Achtung, Wortspielalarm – zugfreien Blick auf die Züge. Und indirekte Beleuchtung sorgt nachts für verhaltene Eleganz. Man darf gespannt sein, ob sich dieses Weihnachtsgeschenk für die Münchner – der Arnulfsteg wurde am 23.12.2020 eröffnet – in den nächsten Sommern als neue inoffizielle Partymeile etabliert, denn zu den Verglasungen auf beiden Seiten gehören Nischen mit breiten, tiefen Simsen, die zum Sitzen oder zum Abstellen von Getränken einladen. Selbst wenn sich mehrere Leute um solch eine Nische versammeln, ist keiner im Weg, denn die Brücke ist zwischen fünf und sechs Metern breit.

Wer sie überquert, darf sich ein wenig wie in Kopenhagen fühlen, wo eineinhalb Jahre früher eine ähnliche Brücke eröffnet wurde. Die Lille Langebro, die kleine lange Brücke, liegt ebenfalls mitten in der Stadt, gehört ebenfalls Fußgängern und Radfahrern und befindet sich genau wie der Arnulfsteg in direkter Nachbarschaft zu einer breiten, lärmenden, mehrspurigen Autobrücke: in München die Donnersberger Brücke, in Kopenhagen die Langebro, die lange Brücke. Die Lille Langebro ist aber noch ein wenig cooler als der Arnulfsteg, denn sie schwingt sich mit einem kühnen, 175 Meter langen Bogen über Kopenhagens Innenhafen und verbindet dabei nicht nur zwei Stadtteile, Indre By und Christianshavn, sondern auch zwei Inseln, Seeland und Amager. Die Lille Langebro führt also nicht über Gleise, es gibt darum keine Züge, wohl aber jede Menge Boote und Schiffe zu sehen. Partytaugliche Nischen bietet die Lille Langebro nicht, dafür ein anderes Special: Kommt ein besonders großes Schiff daher, drehen sich die mittleren zwei Brückensegmente zur Seite, um es durchzulassen.

Feine französische Spezialitäten wie Crêpes, Galettes, Quiches, belegte Baguettes gibt es im Café Dupont, Bistro und Crêperie. Im Sommer sitzt es sich sehr lauschig im kleinen Garten.

Landsbergerstr 94, 80339 München, Mo–Do 10–22, Fr 10–15 Uhr, www.cafedupont.eu

NORDEN UND WESTEN

Asienensemble, Westpark, 81377 München,
Tram: Stegener Weg

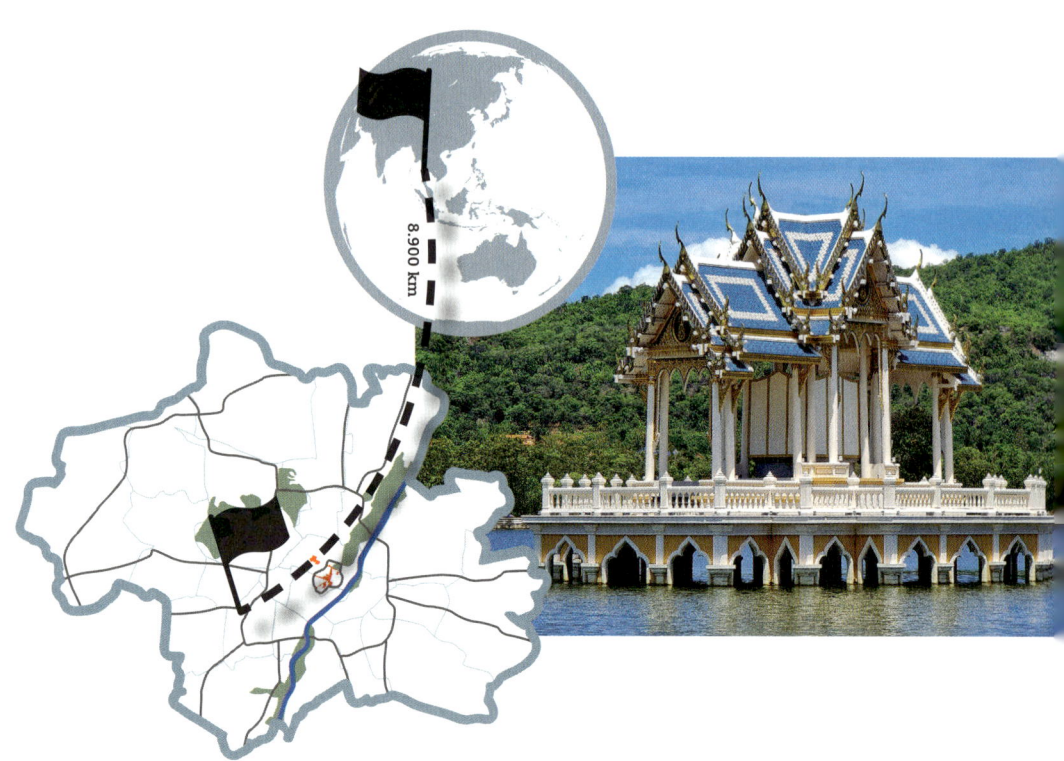

㉓ Westpark
Khao Tao, Thailand

Ein bisschen verwirrend ist das schon: Will man in München fernöstliche Exotik erleben, muss man dafür in den (nicht ganz so) fernen Westpark fahren – also genau in die entgegengesetzte Himmelsrichtung. Denn dort, noch dazu im westlichen Teil der rund 70 Hektar großen Grünanlage, verstecken sich gleich mehrere asiatische Attraktionen. In der Nachbarschaft kennt man sie freilich, diese ebenso schmuckvollen wie meditativen kleinen Themengärten und Tempel, die hier Anfang der 1980er-Jahre anlässlich der Internationalen Gartenbauausstellung (IGA) errichtet und zum Glück nie wieder abgebaut wurden. Münchner, die in Schwabing, Giesing oder Ramersdorf wohnen, verschlägt es allerdings recht selten in diese Ecke der Stadt.

Wer sich trotzdem aufs Fahrrad schwingt, wird staunen: Japangarten, Chinesischer Garten und ein paar Meter weiter steht sogar noch eine prachtvolle Pagode aus Nepal! Ein echter Hingucker ist jedoch der neun Meter hohe, reich verzierte Thai-Sala, der auf einer schwimmenden Plattform im Wasserbecken gleich neben dem Westsee ruht. Dass der schreitende Buddha in der Mitte des Pavillons in nur drei Wochen aus einem knorrigen Stück Ahornholz geschält wurde, sieht man der anmutig lächelnden Statue nicht an. Nopradol Khamlae, ein bescheidener Bildhauer aus dem Norden Thailands, hat sie 1994 mit viel Herzblut auf dem Münchner Marienhof angefertigt und der Landeshauptstadt dann als Geschenk überlassen. Figur und Sala wurden anschließend geweiht und waren das erste buddhistische Heiligtum, das man in hierzulande unter freiem Himmel bewundern konnte.

Bis heute umgibt den Tempel eine geheimnisvolle spirituelle Aura. Kein Wunder also, dass so manch einer unterm bunten Sala-Dach gerne seine Yogamatte oder die Klangschale auspacken würde. Klappt aber leider nicht – nach einer Brücke oder Trittsteinen, die Besucher trockenen Fußes hinüber zum Ponton führen, sucht man jedenfalls vergeblich. Dennoch ist das Asien-Ensemble im Westpark mehr als nur ein bildhübsches Relikt aus alten IGA-Zeiten: Rund um den thailändischen Pavillon und die nepalesische Pagode werden im Frühling und Hochsommer alljährlich hohe buddhistische Feiertage wie Vesakh und Khao Phansa zelebriert, und auch an den heiligen Voll- und Neumondtagen treffen sich Anhänger der buddhistischen Lehre hier zur inneren Einkehr.

Fast wie Tollwood, nur in klein! In der Gans am Wasser kümmern sich gleich mehrere Foodtrucks um hungrige und durstige Gäste. Dazu gibt's eine charmante Seeterrasse und jede Menge künstlerisches Flair und Kultur!

Mollsee im Westpark, 81373 München, Sommer: Mo–Sa 10–24, So/Fei 10–22 Uhr (Herbst–Frühling siehe Webseite), www.gansamwasser.de

NORDEN UND WESTEN

Ruhmeshalle und Bavaria, Theresienhöhe 16, 80339 München,
Bus: Theresienhöhe

🔵24 Theresienhöhe
Liberty Island, New York

»Huuuui! Buuuih!« ruft ein Teenager am Fuße der Wendeltreppe, die sich als schmale Helix hinauf zum Kopf der monumentalen Bronzefigur windet. Grinsend lauscht er dem gespenstischen Widerhall seiner Stimme, während sein Schwesterchen hinter ihm erschrocken zusammenzuckt. Nach kurzem Naserümpfen wagt aber auch sie sich tapfer auf die ersten Treppenstufen.

Ein bisschen mulmig und abenteuerlich kann es sich schon anfühlen, wenn man das Innenleben der Bavaria am Rande der Theresienwiese erkundet. Und das geht nicht nur Kindern so. Zwar wirkt die rund 20 Meter hohe Dame, die wuchtige 90 Tonnen auf die Waage bringt, von außen wie eine freundliche Riesin. Kaum hat man jedoch auf der Rückseite des Sockels ihren Körper betreten, wird es schummerig, eng und sogar ein wenig stickig. Oben angekommen sorgen dann endlich kleine Gucklöcher für frischen Sauerstoff und geben den Blick nach draußen frei. Der reicht wunderbar weit über die angrenzenden Stadtviertel und kann noch dazu, vorausgesetzt man ergattert einen Platz, im Sitzen genossen werden – auf bronzenen Sofakissen!

Wie die weltberühmte Freiheitsstatue, die seit 1865 im Hafen von New York alle einfahrenden Schiffe begrüßt, wurde auch die Bavaria zwischen 1843 und 1853 als Sinnbild des Aufbruchs und einer neuen nationalen Identität errichtet. Denn nur wenige Jahrzehnte zuvor war das Königreich Bayern beträchtlich gewachsen. Mit der Gestaltung der Schutzpatronin wurde damals der junge Münchner Bildhauer Ludwig von Schwanthaler beauftragt. Drei Jahre tüftelte und feilte er an seinen Entwürfen, bis eine der unzähligen Skizzen und Modelle Ludwig I. endlich zufriedenstellten. Der anspruchsvolle »Künstlerkönig« wünschte sich nämlich diesmal keine sehnig-antike Heldin, sondern eine Statue mit romantisch-germanischen Zügen. Also verpasste Schwanthaler seiner Bavaria schlussendlich üppig feminine Kurven, warf ihr ein rustikales Bärenfell über den schulterfreien Oberkörper und drückte ihr zu guter Letzt noch einen Siegerkranz aus Eichenlaub in die ausgestreckte Hand.

Im Sommer schippern die Ausflugsboote ab Manhattan im Akkord hinüber nach Liberty Island; die begehrten Tickets für die Aussichtsplattform der Freiheitsstatue sind dann oft schon Wochen im Voraus vergriffen. Rund um die Bavaria geht es hingegen selbst zur Ferienzeit gemütlich zu. Das gilt an vielen Tagen sogar für den Herbst, wenn das größte Volksfest der Welt auf der Theresienwiese seine Tore öffnet. Jetzt strömt der verführerische Duft nach Zuckerwatte und frischen Bratwürsten hinauf zur Bavaria und durch die Gucklöcher hinein ins ausgehöhlte Haupt der Bronze-Lady. Vor allem in den frühen Abendstunden ist der Blick von hier oben auf das malerisch magische Treiben und die bunten Lichter des Oktoberfestes ein besonderes Erlebnis. Zu romantisch? Kein Problem, von der »Münchner Freiheitsstatue« zum nächsten Biertempel sind es ja nur wenige Schritte. Kein Wunder also, dass sich da so mancher New Yorker vom Hudson River an die Isar sehnt.

Im Wirtshaus am Bavariapark, nicht weit von der Ruhmeshalle, bekommt man auch außerhalb der Wiesn-Zeit kühles Bier und knusprige Hendl – im Sommer sogar unter schattigen Kastanien.

Theresienhöhe 15, 80339 München, Mo–So 12–22 Uhr,
www.wirtshaus-am-bavariapark.com

NORDEN UND WESTEN

Beach Dome, Margarethe-Danzi-Straße 21, 80639 München,
Bus: Winfriedstraße;
Sommer: Munich Beach Resort, Dachauer Straße 35, 85764 Oberschleißheim,
Bus: Oberschleißheim Regattaanlage

㉕ Beach Dome
Copacabana, Brasilien

Wann und wo Fußball erfunden wurde, weiß keiner so genau. Die Chinesen sollen schon vor über 4000 Jahren etwas Ähnliches gespielt haben, ebenso vor rund 1500 Jahren die Maya in Mittelamerika oder die Griechen der Antike. Beim Beachsoccer aber gilt als sicher, dass er in Brasilien erfunden wurde. Allerdings waren es wohl englische Matrosen, die Ende des 19. Jahrhunderts beim Landgang am Strand Fußball spielten und die Brasilianer zur Nachahmung inspirierten. Offiziell anerkannt wurde die schnelle Ballsportart definitiv in Brasilien. Dort wurde das erste Turnier schon in den 1950er-Jahren ausgetragen, die erste Weltmeisterschaft fand 1992 statt, natürlich an der berühmten Copacabana.

Bis das Ganze dann nach München kam, dauerte es noch gut drei Jahrzehnte, und der Gründer des Münchner Beachsoccervereins, Ricky Goller, hat das Kicken auf Sand auch gar nicht aus Brasilien importiert, sondern aus seiner Studienstadt Köln. Zurück in Bayern, trommelte er 2014 kurzerhand ein paar Freunde aus seinem Fußballverein DJK Pasing zusammen, dem die Bavaria Beach Bazis seither angegliedert sind. Zu Beachsoccer gehört unbedingt – egal ob in Köln, München oder Rio – lateinamerikanische Partystimmung. Musik läuft vor, während und nach dem Spiel. Gespielt wird genauso barfuß, rasant, volleystark und torintensiv wie im Erfinderland.

Im Sommer finden Training und Heimspiele im Munich Beach Resort statt, der großen Strandanlage mit multifunktionalen Beachcourts und einer Bar, die passende fruchtige Cocktails serviert. Sogar Wasser ist in der Nähe, zwar nicht der Atlantik, aber die Regattastrecke Oberschleißheim und der Regattaparksee. Der Eintritt zu den Spielen der Bavaria Beach Bazis ist frei und die Stimmung immer gut, wofür seit einigen Jahren auch der Bazi-Fanclub sorgt.

Doch lange gab es ein Problem, das man an der Copacabana nicht kennt: den Winter. Beachsoccer ist eine reine Outdoorsportart, und eine schuhlose dazu. Die Lösung: der Beach Dome am südlichen Ende des Nymphenburger Parks. Die Traglufthalle spannt seit November 2021 ihr bis zu 11 Meter hohes Dach über 1000 Quadratmeter Sand mit drei Spielfeldern, einer Bar und den obligatorischen Liegestühlen für die Zuschauer. Nun kann das ganze Jahr über trainiert werden. Sogar der Sand ist warm, mangels Sonne dank Technik.

Direkt neben dem Beach Dome lockt mit Prima Fila ein guter Italiener. Die lange Fensterfront lässt viel Licht hinein, stylisch modern ist die Einrichtung, großzügig der Loungebereich und die Bar. Am Wichtigsten aber: leckeres Essen vom Pasta-Klassiker über verschiedene Pizzen bis zu Fleisch- und Fischgerichten.

Margarethe-Danzi-Straße 25, 80639 München, Di–So 11.30–22 Uhr, www.prima-fila.de

NORDEN UND WESTEN

Gondel Nymphenburg, Nymphenburger Straße 26, 80335 München,
www.gondel-nymphenburg.de,
Bus: Schloss Nymphenburg

㉖ Nymphenburger Kanal
Canal Grande, Venedig

Früher war hier mehr Venedig – oder besser gesagt: noch mehr Venedig! Fast 100 Gondeln und andere prunkvoll mit Gold, Samt und Seide ausstaffierte Boote drehten zu Zeiten Max Emanuels im Nymphenburger Schlosspark ihre Runden. Mal verträumt und lautlos, wenn ihre Fahrgäste das so wünschten, an Festtagen aber auch mit viel Tamtam und einem mehrköpfigen Rudertrupp an Bord, schipperten und schaukelten sie im 18. Jahrhundert über die Seen und Kanäle rund um die kurfürstliche Sommerresidenz.

Max Emanuel und Entourage waren von diesem Vergnügen so angetan, dass in der barocken Gartenanlage – auch durch den Bau mehrerer Schleusen – allmählich ein zusammenhängendes Netz aus Wasserstraßen entstand. Pläne, dieses noch weiter auszubauen und an die Kanäle der umliegenden Schlösser anzubinden, wurden jedoch verworfen. Unterm Strich blieb die Strecke, die man im Schlosspark mit Booten zurücklegen konnte, also recht überschaubar. Egal, denn viel wichtiger war schließlich das Erlebnis! Möglichst authentisch sollte es sein, darauf legte der bayerische Kurfürst, der in jungen Jahren selbst einige Zeit in Venedig verbracht und die Stadt in sein Herz geschlossen hatte, großen Wert. Und so ließ er kurzerhand Bootsbauer und waschechte Gondolieri aus der Lagune nach München bringen, und so entstand nach und nach eine kleine, aber feine kurfürstliche Flotte.

Das alles ist lange her, und die meisten Fahrgäste staunen nicht schlecht, wenn Maximilian Koch ihnen die alten Geschichten vom Kurfürsten und vom damals regen Bootsverkehr im Schlosspark erzählt. Wenn man so will, sind er und sein Sohn, der ebenfalls Maximilian heißt, die Letzten ihrer Art – zumindest hier in der Landeshauptstadt. Gelernt haben sie ihr Handwerk zwar am Wörthsee, doch beide konnten auch schon in den engen, verwinkelten Kanälen der Serenissima Berufserfahrung sammeln. Und wie es sich für Gondolieri gehört, erscheinen beide natürlich in Ringelshirt und Strohhut zur Arbeit.

Früher zählten vor allem Hochzeitspaare und Touristen aus den USA und Asien zu ihrer Kundschaft, neuerdings klettern aber auch immer häufiger Einheimische, die Nymphenburg aus einer neuen, ungewöhnlichen Perspektive erleben wollen, in ihre liebevoll restaurierte venezianische Gondel. Eine halbe Stunde dauert die Standardtour über den 800 Meter langen Nymphenburger Mittelkanal, vor dem eindrucksvoll die Barockfassade des Schlosses aufragt. Fahrten in der gemischten Gruppe, bei denen man sich die Gondel mit sieben anderen Fahrgästen teilt, kosten nur wenig Geld und sind auch ohne Voranmeldung möglich. Wer will, kann das elegante Gefährt der Kochs natürlich auch exklusiv buchen – auf Wunsch inklusive Prosecco und Gesang, für den dann sogar ein italienischer Tenor an Bord geholt wird. Und das klingt doch jetzt wirklich sehr nach Venedig, oder?

Einst wurde im Palmenhaus tatsächlich exotisches Grün gezüchtet, heute trifft man sich hier zum Frühstück oder Brunch. Wer einen Fensterplatz ergattert, genießt zudem den herrlichen Blick aufs Nymphenburger Schloss.

Schloss Nymphenburg, Eingang 43, 80638 München, Di–Fr 11–18, Sa/So/Fei 10–18 Uhr, Brunch: So/Fei 10–13.30 Uhr (Reservierung), www.palmenhaus.de

NORDEN UND WESTEN

Olympiapark, Ernst-Curtius-Weg, 80809 München,
Bus: Toni-Merkens-Weg

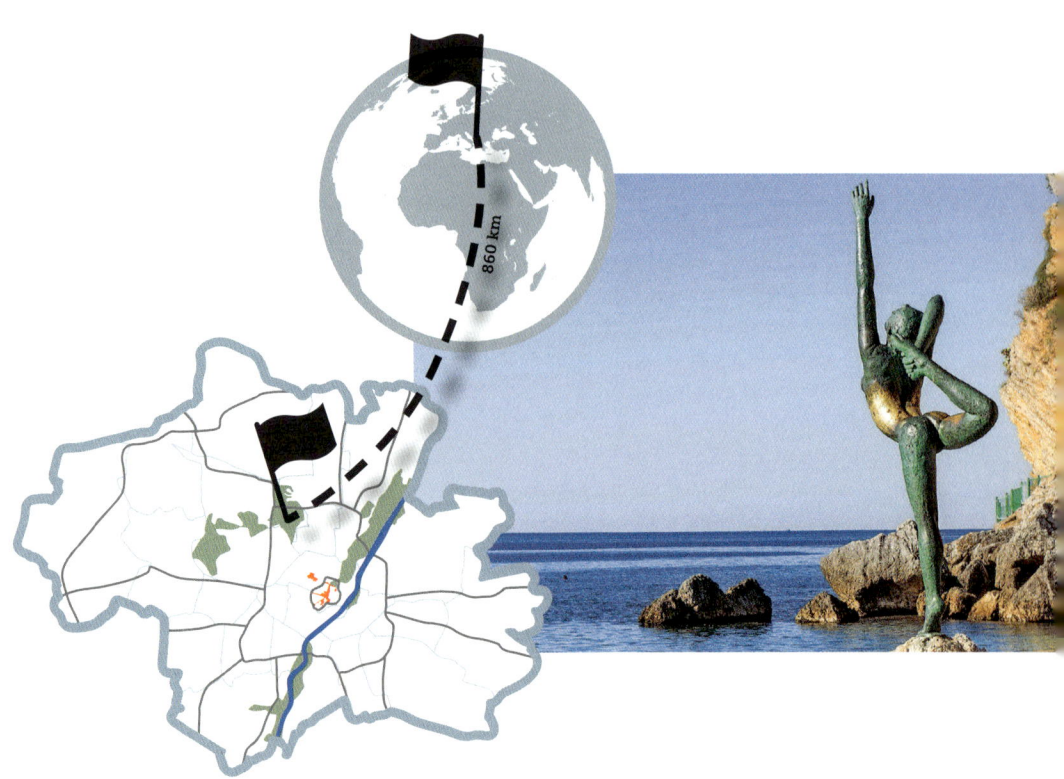

㉗ Olympiapark
Budva, Montenegro

Na, die Frau traut sich was! Splitterfasernackt, noch dazu mit weit aufgespreizten Schenkeln, balanciert sie kopfüber im westlichen Olympiapark auf ihrem Gymnastikball. Und das nicht etwa im Verborgenen, versteckt hinter Bäumen und Büschen, sondern ungeniert in aller Öffentlichkeit! Weithin sichtbar ragen ihre muskulösen Beine auf einer Anhöhe am Ernst-Curtius-Weg in den Himmel – so stramm und selbstbewusst, als wollten sie mit den Pylonen konkurrieren, die gleich nebenan das tonnenschwere Zeltdach des Olympiastadions tragen. Von Scham also keine Spur, im Gegenteil: Ein zufriedenes, fast schon verschmitztes Lächeln umspielt Augen und Lippen der barbusigen Turnerin. Dass es auch Passanten gibt, die beim Anblick ihrer barocken Rundungen die Nase rümpfen, ist ihr egal. Gut so, denn so einen Handstand muss man erstmal hinbekommen – sportlich und künstlerisch!

Was das Sportliche betrifft, muss das jeder selbst ausprobieren. Künstlerisch zeichnet der Münchner Bildhauer Martin Mayer für die Bronzeplastik mit dem etwas sperrigen Namen »Olympia Triumphans« (Triumphierende Olympia) verantwortlich. Rechnet man den Betonsockel mit ein, auf dem die stärkste Athletin der Landeshauptstadt schon seit Jahrzehnten ohne mit der Wimper zu zucken im Dauerhandstand ausharrt, ist die Statue etwas mehr als fünf Meter hoch. Aufgestellt wurde sie, wie könnte es anders sein, im Jahr 1972 anlässlich der Olympischen Spiele. Doch die lebensbejahende Statue ist weit mehr als nur ein sehenswertes, wenn auch oft übersehenes Kunstwerk: Sie ist ein kleiner, im Sommer von der goldenen Nachmittagssonne umschmeichelter Glücksort, an dem man sich entspannt ins Gras legen und dabei den Ausblick aufs Stadion, den Olympiaturm und das Treiben der vorbeiziehenden Spaziergänger und Jogger genießen kann.

Ganz wunderbar klappt das mit dem Verweilen und dem schönen Sonnenuntergang natürlich auch im Hafenstädtchen Budva an der montenegrinischen Adriaküste. Anders als im benachbarten Kroatien, steckt der Tourismus hier zwar noch in den Kinderschuhen, die Zahl der Übernachtungen stieg in den letzten Jahren jedoch rasant an. Als wäre ihr all der Trubel über den Kopf gewachsen, absolviert die »Ballerina von Budva« ihre täglichen Gymnastikübungen denn auch an einem felsigen Küstenabschnitt etwas abseits der historischen Altstadt und blickt dabei sehnsuchtsvoll aufs Meer. Angeblich, so will es die Legende, wartet sie auf ihren Liebsten, der hier einst in See stach und nie wiederkehrte. Als »Ballerina, die ihren Badeanzug verloren hat« bezeichnen wiederum weniger romantisch veranlagte Zeitgenossen die Bronzeskulptur des serbischen Bildhauers Gradimir Aleksi – denn auch sie ist splitternackt. Im Gegensatz zu ihrem Münchner Pendant ist die junge Tänzerin jedoch so rank und schlank, als sei sie einem Werbevideo für Fitnessprodukte entsprungen. Ob sich die beiden Damen wohl gut verstehen und dann zum Sport verabreden würden?

Das Café Nini und seine charmante Außenterrasse verstecken sich im Hoflabyrinth der Borstei. Hier fühlen sich vor allem Kuchenfans wohl. Nebenbei kann man eines der ungewöhnlichsten Wohnquartiere der Stadt besichtigen.

Franz-Marc-Straße 9, 80637 München, Mi–Mo 9–18 Uhr, www.nini-cafe-borstei.de

NORDEN UND WESTEN

Stiftung Ost-West-Kirche e. V., Spiridon-Louis Ring 100, 80809 München,
www.ost-west-friedenskirche.de,
Bus: Olympiaberg

28 Ost-West-Friedenskirche
Bagajewskaja, Russland

Wollte man heute ins Dorf Bagajewskaja reisen, würde die direkteste Route durch Österreich, Tschechien, Polen und die Ukraine führen, bis man am Nordostzipfel des Asowschen Meeres über die Grenze zu Russland, bald darauf in die Stadt Rostow am Don und noch weiter östlich in die zu ihrem Verwaltungsgebiet gehörende Kosakensiedlung käme. 2 800 Kilometer liegen laut Google Maps zwischen München und Bagajewskaja. Sehr einsam, sehr abgeschieden und sehr flach sieht es da aus, wo der Held dieses Textes, Timofei Wassiljewitsch Prochorow, zur Welt kam, zur Schule ging, arbeitete, heiratete, Kinder – und eines Tages eine Marienerscheinung hatte. Die legte ihm nahe, Frau, Kindern und Russland den Rücken zu kehren und in den Westen zu gehen, um eine Kirche zu errichten und sie Ost-West-Friedenskirche zu nennen – zur Versöhnung der Menschen. Und das tat er dann auch.

Als er aufbrach, wütete noch der Zweite Weltkrieg, und als Timofei 1952 nach einer längeren Odyssee in München ankam, begleitete ihn nicht nur dieser Marienauftrag, sondern auch seine zweite Frau Natascha. Zusammen baute das Paar aus Kriegsschutt ein kleines Haus, eine Kapelle und schließlich die Kirche. Und zwar auf dem Oberwiesenfeld, am Rand des damaligen Flugplatzes, wo später der Olympiapark entstand. Dort blieben die beiden, lebten von dem, was ihr Garten hergab, von Sozialhilfe und von der Liebe der Münchner, denen ihr russischer Eremit, ihr Väterchen Timofei, rasch ans Herz wuchs.

An der Geschichte ist eigentlich alles verrückt: allein schon, dass Väterchen Timofeis Leben drei Jahrhunderte abdeckt. Als er 1894 geboren wurde, regierte in Russland noch der Zar, in Deutschland war Wilhelm II. Kaiser, in Bayern herrschte Prinzregent Luitpold. Als Timofei 2004 starb, war die Sowjetunion schon wieder Geschichte, Putin seit vier Jahren Präsident, Angela Merkel gerade noch nicht Kanzlerin. Verrückt ist auch, dass das wildwüchsige Areal und seine Schwarzbauten allen Begehrlichkeiten trotzte, zum Beispiel als die Bauarbeiten für die Olympischen Spiele 1972 begannen und das Gelände nach Protesten der Münchner extra etwas nach Norden verlegt wurde, damit alles so bleiben konnte, wie es war. Später genehmigte Bürgermeister Christian Ude die kleinen Schwarzbauten nachträglich. Heute kümmert sich ein Verein um das Gelände – bezaubernd und, wie alles andere auch, ein wenig verrückt: ein mit viel Detailliebe vollgestopftes Museum, die Kirche, deren Decke mit glänzendem Alupapier ausgekleidet ist und deren Wände über und über mit Heiligenbildern geschmückt sind, den wunderbaren Garten, in dem es im Sommer grünt und blüht. Wer sich im Sommer auf eine Bank setzt, den Vögeln zuhört, das Idyll mit seinen Blumen und dem schlichten Häuschen betrachtet, fühlt sich ein wenig wie auf einer russischen Datscha. Und wird vielleicht – so berichten es jedenfalls manche Besucher – von einer frohen, friedlichen, sogar frommen Stimmung erfasst. Würde Timofeis Marienvision sich in so einem Moment blicken lassen, so würde sie vermutlich milde lächeln und sagen: Auftrag erfüllt.

Hoch oben und mitten im Olympiapark bietet die Olympia Alm in ihrem Biergarten neben regionalen Spezialitäten und Getränken auch einen herrlichen Blick ins städtische Grün – bei Föhn erscheinen in der Ferne sogar die Alpen.

Martin-Luther-King-Weg 8, 80809 München, tgl. ca. 11–23 Uhr, www.olympiaalm.de

NORDEN UND WESTEN

Bungalowdorf in der Wohnanlage Olympisches Dorf, Connollystraße 3, 80809 München,
www.studentenwerk-muenchen.de,
U-Bahn, Bus: Olympiazentrum

㉙ Olympisches Dorf
Kampung Pelangi, Java

Rebecca Steigenbergers Eckhäuschen ist ein kleines Kunstwerk. Stolz zeigt sie auf die Außenwände ihres Bungalows, die sie gemeinsam mit Freunden selbst bemalt hat: Eine abstrakte Weltkarte, konstruiert aus haarscharfen Linien, ziert die seitliche Fassade des schmalen, zweistöckigen Mini-Gebäudes. Rund herum entspinnt sich ein Mosaik aus spitzen Dreiecken in hellen und dunklen Grüntönen, das bis zur Vorderwand und hinauf zum Balkon reicht. Zwischendrin hat die Studentin immer wieder Flächen ausgespart, auf denen Giraffen und Elefanten zu sehen sind. »Meine Lieblingstiere!«, schwärmt die 23-Jährige. »Und ich wollte unbedingt ein weltoffenes Motiv.«

Ganz schön beklemmend könnte es sein, im dicht bebauten Bungalowdorf am Olympiapark, einer auf dem Reißbrett geplanten Retortensiedlung, die aus fast so vielen Häuserreihen besteht, wie das Alphabet Buchstaben hat. Ist es aber nicht! Denn auf die Athletinnen, die hier im Sommer 1972 während der Olympischen Spiele untergebracht waren, folgten nicht etwa Verfall und Tristesse oder gierige Baulöwen, sondern Studentinnen und Studenten aus aller Welt, die die Siedlung in ein farbenfrohes, quicklebendiges Quartier verwandelten. Wie Rebecca haben über die Jahre hinweg fast alle Bewohner ihre – ursprünglich betongrauen – Bungalows irgendwie bemalt, besprüht oder verschönert. Manche aufwendig im Pop-Art-Stil, andere mit Motiven, die man aus Romanen oder Filmen kennt, wieder andere ganz minimalistisch mit politischen oder frechen Botschaften. Kein Wunder also, dass sich in der Anlage auch viele Gäste tummeln, die die fantasievollen Tiny Houses bestaunen und fotografieren.

Über mangelnde Aufmerksamkeit kann sich auch das Regenbogendorf Kampung Pelangi im Norden der indonesischen Insel Java nicht mehr beklagen. Zum Glück, denn das Viertel zählte lange Zeit zu den ärmsten der Hafenstadt Semarang. Zukunftsperspektiven gab es kaum, doch dann hatten die Dorfbewohner eine zündende Idee: Unterstützt durch die Regierung griffen sie zu Pinseln und Farbeimern und verwandelten ihre Heimat kurzerhand in eine schillernde Wunderwelt. Jeder Dachziegel und jede Treppenstufe bekam einen knallbunten Anstrich, Girlanden wurden über die Gassen gespannt und etliche Hauswände mit kunstvollen Wandmalereien verschönert. Es dauerte nicht lange, da kursierten die ersten Aufnahmen der neuen, farbenfrohen Attraktion im Internet, und bis heute zieht es besonders Instagrammer ins Regenbogendorf, die dort zwar vor allem knipsen, aber eben auch Souvenirs und Snacks kaufen und so etwas Geld in die leeren Kassen der Einheimischen spülen. »Ich freue mich auch immer, wenn Leute hier an der Ecke stehen bleiben und Bilder von meinen Wänden machen«, sagt Rebecca und grinst. Arm ist sie nicht, doch auch sie ist Feuer und Flamme für ihr kleines, buntes Dorf, aus dem sie schon bald wieder ausziehen muss, da sich ihr Studium dem Ende zuneigt. Ziemlich traurig sei das, bedauert sie. »Das Olydorf ist wirklich das coolste Studentenwohnheim der Stadt, aber alles ist eben irgendwann vorbei.«

> *Im Oh Circle, dem ersten Kreislaufcafé der Stadt, kann man besten Gewissens Kaffee und Kuchen genießen – vegan und verpackungsfrei. Frühstück gibt's leider nur am Wochenende, dafür schmeckt es aber umso besser.*
>
> *Helene-Mayer-Ring 14 (Ende der Ladenstraße), 80809 München, Mi/Do 11.30–18, Fr 11.30–21, Sa/So 10–17 Uhr,*
> *www.oh-circle.de*

NORDEN UND WESTEN

Olympiasee-Nordufer, Willi-Daume-Platz, 80809 München,
U-Bahn, Bus: Olympiazentrum

㉚ Oympiasee
Walk of Fame, Los Angeles

Na, sowas! Eine Graugans hat doch tatsächlich gerade auf den ausgestreckten Fingern der Bandmitglieder von Metallica ihr Geschäft erledigt. Als sei das das Normalste der Welt, watschelt sie einfach weiter, plustert dann ihr Federkleid auf und genießt die wärmenden Strahlen der Spätsommersonne. »Vorsicht Gänsekacke!« ruft eine aufmerksame, junge Mutter, die gerade mit ihrem Sohn am Wasser spazieren geht, und zieht ihren Sprössling schnell beiseite. Hetfield, Ulrich und Kollegen hingegen haben keine Chance und müssen die infame Sauerei erdulden. Was bleibt den Rocklegenden auch anderes übrig? Denn hier, am »Olympic Walk of Stars«, sind ihre an Gitarre, Bass und Schlagzeug sonst so flinken Hände buchstäblich erstarrt. In Zement!

Zugegeben, ganz so glamourös wie am berühmten »Walk of Fame« in Hollywood ist das Staraufgebot auf der recht überschaubaren, nur etwas mehr als 100 Meter langen Promenade zu Füßen des Olympiaturms nicht. Aber immerhin: Neben Helene Fischer, Udo Lindenberg, Andrea Berg und Peter Maffay, also Größen des Musik- und Showgeschäfts, die vor allem in Deutschland bekannt und beliebt sind, finden sich auch die Namen etlicher internationaler Megastars, darunter Carlos Santana, Lenny Kravitz, Snoop Dogg, Liza Minelli, Kylie Minogue, Boris Becker oder Henry Maske. Sie alle haben im Münchner Olympiapark bereits – auf der Bühne oder in einer der unzähligen Sportstätten auf dem Gelände – ein Millionenpublikum begeistert und durften sich deshalb auf dem »Walk of Stars« verewigen.

Spaß macht es vor allem, die oft kryptischen Symbole und Grußbotschaften zu dechiffrieren, die das Gros der Prominenz neben Signatur und Handabdrücken auf den ihnen gewidmeten Ruhmestafeln im Flüssigbeton hinterlassen hat. Während man die Umrisse von Jon Bon Jovis berühmter Sonnenbrille gleich auf den ersten Blick erkennt, muss man bei Chris Rea schon zweimal hinsehen. Und tatsächlich: Das freche Männlein, das der britische Sänger und Gitarrist da in den Zement gepinselt hat, streckt einem doch glatt den blanken Hintern entgegen! Mit dem Spruch »Jermany ist too cool!« wiederum zollt Alice Cooper seinen Gastgebern Tribut. Ob sich der »King of Shock Rock« dabei tatsächlich verschrieben hat, oder sein schwungvolles »G« einfach nur wie ein »J« aussieht, bleibt der Fantasie des Betrachters überlassen.

Über 100 solcher Platten, von Anastacia bis Zucchero, sind in den vergangenen Jahrzehnten zusammengekommen, rund 65 kann man derzeit entlang der Uferkante des Olympiasees am Willi-Daume-Platz bestaunen. Der Rest wurde eingelagert – oder wird gerade restauriert. Ob das auch am vielen Gänsekot liegt? Der ist ja bekanntlich ganz schön aggressiv!

Keine Angst, im Drehrestaurant »181« hoch oben auf dem Olympiaturm wird einem (wenn überhaupt) nur von den Preisen schwindelig. Entschädigt wird man aber mit einem grandiosen Ausblick und exzellenten internationalen Gaumenfreuden.

Spiridon-Louis-Ring 7, 80809 München, Mi–So 12–14 Uhr (Lunch), 14.30–16 Uhr (Kaffee & Kuchen), 17.30–21 Uhr Dinner-Menüs (siehe Webseite), www.restaurant181.com

NORDEN UND WESTEN

Kirschblüte im Petuelpark und Olympiapark, 80804 München,
Bus: Barlachstraße und Olympiapark Eisportstadion

㉛ Petuelpark
Ōsaka, Japan

Wann geht's los, und wird das Wetter mitspielen? Sakura, die zauberhafte Kirschblüte, hält Nippon jedes Jahr erneut in Atem. Ist es dann endlich so weit, verabredet man sich mit Freunden, kauft Snacks und Getränke, breitet unter blühenden Baumkronen die Picknickdecke aus und feiert bis spät in die Nacht. Jetzt ist er da, der langersehnte Frühling!

Für den uralten Brauch gibt es in der Landessprache sogar ein eigenes Wort: »Hanami« nennt man das Schwelgen in weiß-rosaroten Blütenträumen, die zwischen März und Mai Globetrotter und Romantiker aus aller Welt nach Japan locken. Ein bisschen Glück gehört bei der Reiseplanung allerdings dazu, denn zieht sich der Winter in die Länge, lässt das Naturschauspiel auf sich warten; hat es der Frühling hingegen eilig, ist alle Pracht verblüht und verblasst, noch bevor man aus dem Flieger steigt.

Auch in München wird die Zeit schon wieder knapp. Es ist erst Ende März, doch über dem Freistaat lässt die Sonne bereits seit Tagen ihre Muskeln spielen. Im Petuelpark, der sich zwischen Schwabing und Milbertshofen wie ein schmaler, grüner Deckel über den tosenden Verkehr des Mittleren Rings schiebt, sind die Anwohner längst in luftigen Röcken, Shorts und Flip-Flops unterwegs, rundherum trägt die Natur ihre farbenfrohe Frühlingsgarderobe zur Schau. Ein echter Hingucker sind jetzt die Japanischen Zierkirschen an der Ricarda-Huch-Straße am nordwestlichen Parkeingang. Ihr prachtvolle Blüte vor leuchtend blauem Himmel ist an diesem Nachmittag so überwältigend schön, dass sich rund um die Bäume sogar eine kleine Menschentraube gebildet hat. Viele Passanten laufen halb gebückt bis unter die Baumkronen und zücken ihr Smartphone, um das rosarote Wunder aus nächster Nähe zu fotografieren. Am zierlichsten Bäumchen, gleich neben dem Fußgängerweg, hat sich ein kleiner Junge auf die Zehenspitzen gestellt und schnuppert beseelt an den Blütenkelchen eines herabhängenden Astes. »Klick!«, seine Mutter hält die Szene natürlich ebenfalls mit der Kamera fest.

»Hanami«, das geht also auch in München wunderbar, vorausgesetzt man weiß, wo hier die Kirschen blühen. Neben dem Petuelpark gehört der nördliche Olympiapark zu den reizvollsten Sakura-Spots der Stadt. Hier findet man am Martin-Luther-King-Weg, der sich von der Lerchenauer Straße hinauf zur Olympia Alm schlängelt, ein märchenhaftes Zierkirschenwäldchen. Wer es gerne ein wenig urbaner mag: Westlich der Leopoldstraße wird die Karl-Theodor-Straße über mehrere hundert Meter von Vogelkirschen gesäumt. Ähnliche Exemplare kann man auch im nördlichen Abschnitt der Fallmerayerstraße bestaunen. Doch egal, wo und vor welcher Kulisse man in München Kirschblüten guckt: beeilen und genießen, lautet die paradoxe Devise. Denn schon bald bläst der Wind die Blütenblätter wieder in alle Himmelsrichtung, und der Zauber ist vorbei. Es ist eben vor allem auch ihre Vergänglichkeit, die Sakura und den Münchner Frühling so besonders machen.

Im kleinen Biergarten des Café Ludwig im Petuelpark findet man fast immer ein Sonnenplätzchen. Viele genießen hier Kaffee und Kuchen, auf die Teller kommen aber auch bayerische und internationale Gerichte.

Klopstockstr. 10, 80804 München, Di–Fr 11.30–22, Sa 10–22, So 10–19 Uhr, www.café-ludwig.net

NORDEN UND WESTEN

Kath. Pfarramt St. Ursula, Kaiserplatz 1, 80803 München,
www.altschwabing-katholisch.de,
Bus: Friedrichstraße

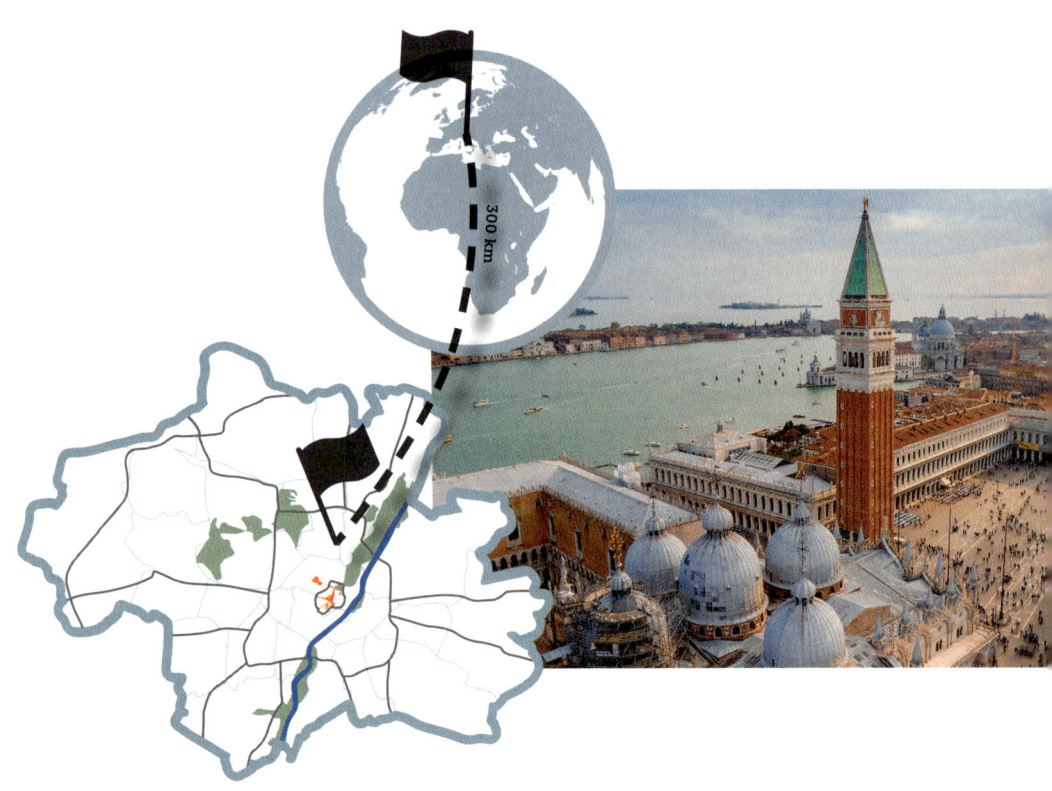

③② Kaiserplatz
Piazza San Marco, Venedig

Nur rund zehn Quadratmeter groß sind die Zimmer des Pater-Rupert-Mayer-Studentenwohnheims am Kaiserplatz. Ein Bett, ein Schrank, ein Regal, ein Schreibtisch, viel mehr geht nicht rein in diese Enge. Pudelwohl fühlen sich die Bewohner des »Rupiheims« trotzdem, denn vor ihrer Haustüre liegt schließlich das charmanteste aller Münchner Freiluft-Wohnzimmer: Auf den Stufen der St.-Ursula-Kirche streckt man an lauen Sommerabenden die Beine aus, trinkt Augustiner oder Wein, knabbert dazu Grissini oder lutscht an einem Eis. Und bestimmt wurde hier auch schon so manche Flasche Bellini geköpft.

Passen würde das ja, zum schicken München sowieso, aber auch zu dieser ganz besonderen Ecke Schwabings, die sich nicht nur nach Italien anfühlt, sondern dank eines prominenten Bauwerks vor allem venezianisches Flair versprüht: 64 Meter erhebt sich der freistehende Glockenturm des »Schwabinger Doms« über die bauchige Dachkuppel der Backsteinbasilika, die erst Ende des 19. Jahrhunderts im Stil der Neurenaissance errichtet wurde. Sehen kann man ihn schon aus der Ferne, sogar im Dunkeln, denn die Glockenstube unter der Turmspitze ist nachts hell erleuchtet. Praktisch ist das vor allem für Erstsemester, die neu in der Stadt sind und gerade erst ihre Bleibe neben dem Kirchturm bezogen haben: Wer sich auf dem Nachhauseweg im Gewirr der Schwabinger Sträßchen verfranzt, guckt einfach in die Luft: Der Kampanile weist einem zuverlässig den Weg.

Auch der knapp 100 Meter hohe Glockenturm an Venedigs Piazza San Marco war für Seefahrer einst eine unverzichtbare Landmarke. Tagsüber warf das anfangs noch vergoldete Turmdach das Sonnenlicht weit übers Meer, und in nebligen Nächten wurden hoch oben auf dem Campanile Leuchtfeuer entzündet. An ihrem Flackern orientierten sich Steuermänner und Kapitäne, um ihre Schiffe sicher durch die tückischen Untiefen der Lagune zu manövrieren. Erst viele Jahrhunderte später – Venedig hatte sich längst von einer stolzen Seemacht zum mächtigen Sehnsuchtsort gewandelt – wurde in Harry's Bar der erste Bellini serviert. Und Orson Welles, Ernest Hemingway und Charly Chaplin zählten zu den illustren Stammgästen, die den flamingofarbenen Pfirsichcocktail in der legendären Kneipe gleich hinter dem Markusplatz probieren durften. Heute haben unzählige Tagestouristen aus aller Welt ihren Platz am Tresen eingenommen. Ein schneller Bellini in Harry's Bar muss sein, auch wenn die Reiseleitung schon drängelt: Abreise Punkt 21 Uhr.

Um diese Zeit kommen Venedigs Studenten gerade erst in Fahrt. Um den Rummel an der Piazza San Marco machen sie aber einen weiten Bogen. Gemütlicher und vor allem günstiger sind die Bars am Campo Santa Margherita, im Uniertel westlich der Accademia-Brücke. Der »Spriz« mit Aperol oder Cynar, wie man ihn hier gerne trinkt, kostet nur wenige Euro, und im Sommer macht man es sich mit seinem Glas einfach auf einer der knallroten Parkbänke gemütlich, knabbert an Erdnüssen und Oliven und streckt dabei die Beine aus. Fast schon Schwabinger Flair hat das mitten in der Lagunenstadt!

Das Bioeis von Thomas Bartu wird scheinbar mit einer Extraportion Dopamin angerührt. Für den großen Hunger hat die Eisdiele zudem kleine Biopizzen aus Dinkelteig im Programm – und auch die machen satt und glücklich.

Wilhelmstraße 23, 80801 München, Mo 11–18, Di–So 11–21 Uhr, www.bartu-bioeismanufaktur.de

NORDEN UND WESTEN

Start des Spaziergangs an der Münchner Freiheit, 80802 München,
U-Bahn, Tram, Bus: Münchner Freiheit

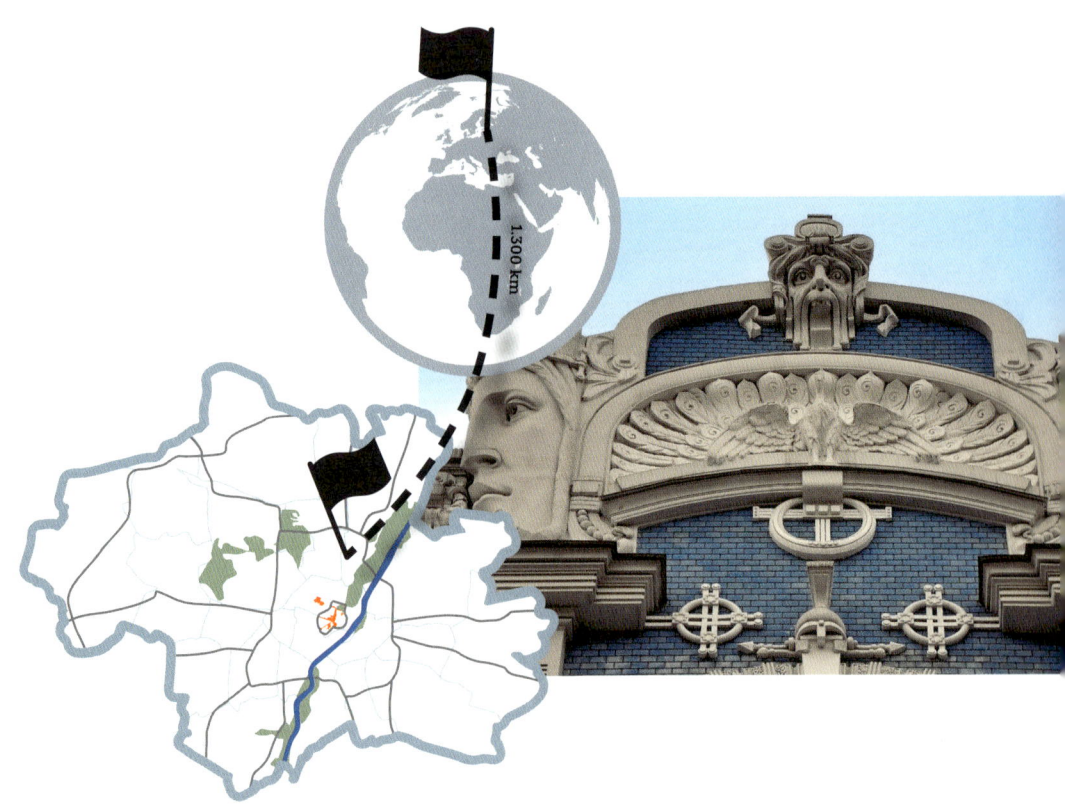

33 Ainmillerstraße
Elizabetes iela, Riga

Riga, die prächtige Hauptstadt Lettlands, ist ein Juwel unter den osteuropäischen Städten mit ihrer Lage am Unterlauf der Düna bis hin zur Ostsee, mit einer wunderschönen restaurierten Altstadt und einem einzigartigen Jugendstilviertel. Rund 800 Gebäude sind es in der Neustadt, wo sich zum Beispiel in der Elisabeth- und Albertstraße Jugendstilhaus an Jugendstilhaus reiht. Beide, Altstadt und Neustadt, wurden 1997 zum UNESCO Weltkulturerbe erklärt.

Den Rang als Weltkulturerbe schaffen die Jugendstilbauten Münchens nicht. Aber auch wenn Riga die Hauptstadt des Jugendstil ist, so ist zu erwähnen, dass München Ende des 19. Jahrhunderts eine Hochburg dieses innovativen, dekorativen Kunst- und Baustils war. Sogar der deutsche Name dieser Epoche stammt aus München: Benannt wurde sie nach der Zeitschrift »Jugend«, der Pflichtlektüre aller Künstler, die damals etwas auf sich hielten. Trotzdem muss man die entsprechenden Gebäude hier ein bisschen suchen und wissen, wo man suchen muss. Zum Beispiel in Schwabing.

Der folgende Spaziergang führt von Haus zu Haus, alle um 1900 gebaut: Start ist an der Münchner Freiheit, denn gegenüber in der Leopoldstraße 77 steht ein grau-weißes, mit stilisierten, vergoldeten Pflanzenmotiven geschmücktes Haus. Anschließend abbiegen in die Kaiserstraße. Die Nummer 14 präsentiert sich mit halbrunden Fenstern, Löwenfiguren und bei genauerem Hinsehen auch einem Schweinekopf. Die Wilhelmstraße hinunter geht es zu einem Prachtexemplar in der Ainmillerstraße. Münchens wohl fotogenstes Jugendstilhaus mit der extravaganten Fassade trägt die Hausnummer 22: grüne Rankenmotive schlängeln sich die Fassade hinauf, vergoldetete Blüten setzen Akzente. Über dem Eingang strecken sich Adam und Eva, kurz vor dem Sündenfall noch nackt und neckisch, in kontemplativer Apfelbetrachtung versunken. Dann geht es in die Römerstraße. Die Nummern 11 und 15 sind einen genauen Blick wert. Und das sind nicht die einzigen Häuser. Wer Lust hat, schlendere einfach weiter durch das Viertel. So ein Spaziergang schärft den Blick, bevor man bei einer eventuellen Baltikumreise mit Abstecher nach Riga den Jugendstil-Overkill seines Lebens erfährt.

Spazieren gehen macht Appetit, und in Schwabing gibt es jede Menge Auswahl. Ganz in der Nähe von Schwabings schönsten Jugendstilbauten befindet sich das HeimWerk, eine sympathische junge Restaurantkette mit überzeugendem Konzept: Fleisch aus artgerechter Tierhaltung, Gemüse aus nachhaltiger Landwirtschaft, Portionen in zwei Größen, damit nichts weggeschmissen werden muss. Der Schwerpunkt liegt auf Schnitzeln, beim Nachtisch auf verschiedenen Varianten vom Kaiserschmarrn.

Friedrichstraße 27 (Ecke Hohenzollernstraße), 80801 München, So–Do 11.30–23, Fr/Sa 11.30–24 Uhr, www.heimwerk-restaurant.de

NORDEN UND WESTEN

Schwabinger See, 80805 München,
Tram: Schwabinger Tor und
Denninger Anger, 81925 München,
Bus: Denninger Straße

34 Schwabinger See
Manhattan, New York

Über München hängen die Wolken scheinbar besonders tief. In die Kategorie »Wolkenkratzer« fallen hier jedenfalls schon die nur knapp 100 Meter hohen Doppeltürme der Frauenkirche, und bis heute haben es alle Neubauten, die über sie hinauswachsen wollen, schwer. Gelungen war das zuletzt Mitte der Nullerjahre. Damals gingen Investoren mit prestigeträchtigen Bürogebäuden wie den »Highlight Towers« (126 m) im nördlichen Schwabing und dem »Uptown« (146 m) in Moosach in die vertikale Offensive. Ähnlich hochtrabende Projekte sollten alsbald folgen, wurden dann aber schnell vereitelt: Per Bürgerentscheid wehrten sich die Münchnerinnen und Münchner gegen jede weitere »Vierkantverbolzung« ihrer Stadt und erklärten die Frauenkirche ganz offiziell zur Wächterin der Lüfte: Höher als ihre prächtigen Turmhauben sollte fortan kein anderes Gebäude in den weiß-blauen Himmel ragen. Im Stadtrat sorgte das Votum seither immer wieder für Kopfschütteln und Zwist, doch man respektierte Volkes Wille – zumindest während der letzten 20 Jahre.

Eine futuristische, geschlossene Skyline, wie man sie in Frankfurt am Main oder gar London oder New York bestaunen kann, sucht man daher in München vergeblich. Und doch, auch in der bayerischen Landeshauptstadt gibt es einige Ecken, die sich zumindest ein kleines bisschen nach Manhattan anfühlen. Etwa der Denninger Anger in Bogenhausen, der im Norden vom 114 Meter hohen »HVB Tower«, dem schlanken »Westin Grand Hotel« und weiteren markanten Betonkolossen des Arabellaparks flankiert wird. Im Sommer werden auf der großen Liegewiese die Picknickdecken ausgebreitet, man liest, lacht, raucht Shisha und spielt Federball. Drum herum drehen Jogger, Radler und Hundefreunde mit zotteligen Vierbeinern ihre Runden. Das satte, weitläufige Grün, das bunte Treiben, die in der Abendsonne leuchtenden Hochhäuser, das alles erinnert an die berühmte »Sheep Meadow« im New Yorker Central Park.

Ein Hauch von New York weht aber auch durch die Gegend rund um den Schwabinger See, der sich zwischen Ungererbad und Leopoldstraße versteckt. Reizvoll sind hier vor allem die Kontraste zwischen althergebrachter und moderner Architektur: Überhängende Bäume, gemütliche Holzbänke und ein wenig Kunst säumen das Ufer des in den 1980er-Jahren künstlich angelegten Wasserbeckens, das im Norden von den verspiegelten Glasfassaden des »Highlight Towers« und vom kühlen Silbergrau des »Münchner Tors« (85 m) überragt wird. Vom kleinen Rondell am Südende des Sees ist der Blick auf die imposanten Hochhäuser am eindrucksvollsten. Es lohnt sich aber, ein wenig durchs Quartier zu bummeln – vor allem in Richtung Mittlerer Ring und Schenkendorfbrücke – und die beiden Giganten dabei aus wechselnder Entfernung und ständig neuen, spannenden Perspektiven zu erleben.

Beton und Glas dominieren das junge, hippe Luxusquartier »Schwabinger Tor« an der Leopoldstraße. Voll auf natürliche und vegane Zutaten setzt man hingegen im Café Hope, das sich hier in einer der Hochhausschluchten verbirgt.

Leopoldstr. 152, 80804 München, Mo–Fr 8–17, Sa 9–16 Uhr, www.hope-fresh.de

NORDEN UND WESTEN

Fröttmaninger Berg, Freisinger Landstraße, 80939 München,
Bus: Wallnerstraße

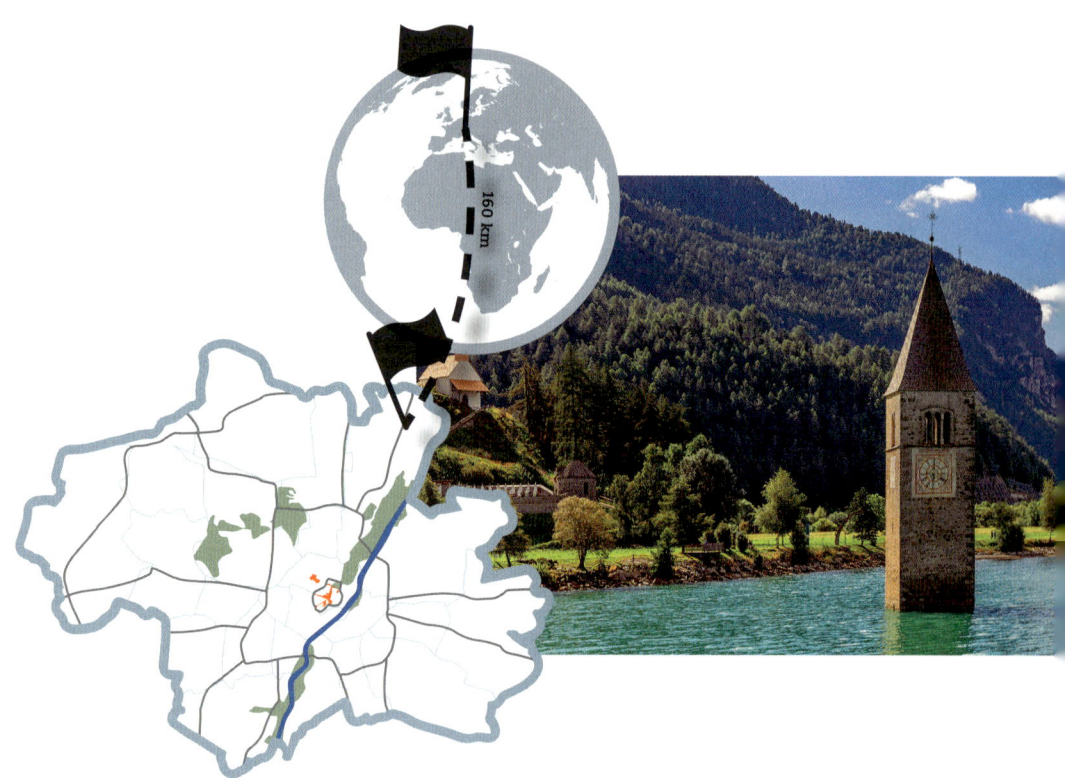

🄴 Fröttmaninger Berg
Reschenpass, Südtirol

Obacht – und schnell einen Schritt zur Seite! Schon wieder strampeln zwei Mountainbiker vorbei, die es ganz schön eilig haben. Vor allem am Wochenende wird am Fröttmaninger Berg kräftig in die Pedale getreten. Denn der schmale, kurvige Weg, der sich vom Parkplatz an der Freisinger Landstraße hinauf zum Gipfel windet, ist zwar nicht lang, dafür aber knackig steil. Und wer nach einigen Minuten – je nach Kondition erschöpft oder entspannt – hier oben ankommt, wird mit der herrlichsten Aussicht belohnt, die München zu bieten hat. Da kann nicht einmal der Olympiaturm mithalten!

Am eindrucksvollsten ist der Blick freilich vom kleinen Rundplateau auf 75 Meter Höhe, dem buchstäblich luftigsten Punkt des Berges. Schon seit der Jahrtausendwende drehen hier die riesigen Rotoren des Fröttmaninger Windkraftwerks stoisch ihre Runden. Links und rechts breiten sich sanft gekuppte Magerwiesen aus, die an eine Hochalm erinnern und so weitläufig sind, dass sie sogar zum Wandern einladen. Ein etwas mulmiges Gefühl beschleicht einen dann aber doch, wenn man den Hauptweg verlässt und einen der Trampelpfade einschlägt, die sich Richtung Norden und dann westwärts den Hang hinunter schlängeln. Denn in der Erde tief unter ihnen brodelt es noch immer. »Vorsicht! Deponiegas« liest man auf grell-gelben Schildern, die alle paar Meter wie Giftpilze aus dem Boden herausragen und Spaziergänger, insbesondere Raucher, eindringlich vor leichtsinnigen Zündeleien warnen. Ach stimmt, da war ja was – kaum zu glauben, dass dieses Naturidyll bis in die 1980er-Jahre eine stinkende Mülldhalde war!

Noch früher existierten hier sogar eine Handvoll Häuser und Gutshöfe namens – man ahnt es bereits – Fröttmaning. In den 1950er-Jahren musste das Dörfchen, das vormals zu den ältesten Siedlungen im gesamten Stadtgebiet zählte, jedoch der Autobahn und später der Mülldeponie weichen. Verschont wurde zum Glück die verwunschene Heilig-Kreuz-Kirche aus dem 9. Jahrhundert, die sich im Tal gleich neben der A9 versteckt und eine kuriose Zwillingsschwester hat: Im Jahr 2006 rammte der Künstler Timm Ulrichs etwas oberhalb des Originals eine nahezu identische, aber nicht begehbare Nachbildung des Gotteshauses in den Steilhang. Voller Melancholie schmiegt sich die halb verschüttete Kirchturmkopie seines »versunkenen Dorfes« an den Fröttmaninger Berg und erinnert an die Familien, die hier einst lebten und ihre Heimat dem Fortschritt opferten. Das Schicksal Fröttmanings ähnelt dem des Südtiroler Dörfchens Graun am Reschenpass, das nach dem Zweiten Weltkrieg geflutet und dann als »Atlantis der Berge« weltweit bekannt wurde. Übrig geblieben ist nur der denkmalgeschützte Glockenturm der alten Grauner Kirche, dessen Spitze bis heute windschief aus dem Reschensee ragt – ein Motiv, das immer noch das Gros der in der Region verkauften Postkarten ziert. Und so ist es auch kein Wunder, dass man sich hier, am Fröttmaninger Berg mit seinen Almwiesen und herrlichen Ausblicken auf der einen und dem »versunkenen Dorf« auf seiner anderen Seite, ein wenig wie im Obervinschgau fühlt.

Mit dem Fahrrad sind es vom Fröttmaninger Berg nur wenige Kilometer zum Poschinger Weiher. Im schattigen Biergarten der Seewirtschaft am Ostufer kann man sich mit einer deftigen Brotzeit stärken.

Am Poschinger Weiher 50, 85774 Unterföhring, Biergarten März–Okt. Mi–So ab 11 Uhr (wetterabhängig), www.seewirtschaft-ufg.de

NORDEN UND WESTEN

Pharao-Haus, Fritz-Meyer-Weg 55, 81925 München,
Tram, Bus: Fritz-Meyer-Weg

36 Oberföhring
Marina Baie des Anges, Côte d'Azur

Das Pharao-Haus kennt in Oberföhring jeder. Und man muss das Bauwerk nicht von Weitem betrachten, um staunend zu erkennen, wie unglaublich groß es ist – und welche extravagante Form es hat. Ein Blick auf die riesige, königsblaue Klingeltafel im Eingangsbereich genügt: Über 400 winzige Klingelknöpfe sind darauf untergebracht. Angeordnet sind sie nicht etwa als breites, rechteckiges Raster, sondern wie steile Himmelstreppen, die nach oben immer schmaler werden. Wer wohl an der Spitze dieser Pyramide wohnt? Und ob man vom 16. Stock vielleicht sogar das Meer sehen kann?

Als das Gebäude in den 1970er-Jahren fertiggestellt wurde, beflügelte sein futuristisches Design jedenfalls die mondänen Fantasien der Münchner Schickeria. Das »Pharao« war damals der letzte Schrei, und je höher das Stockwerk, in dem man eines der begehrten Apartments ergattern wollte, desto tiefer musste man dafür in die Tasche greifen. 50 Jahre später rümpft man beim Anblick von so viel klotzigem Beton jedoch reflexartig die Nase: Als Brutalismus wird der Baustil bezeichnet, der Mitte des 20. Jahrhunderts wie am Fließband eher seelenlose Wohnburgen und sogar ganze Trabantenstädte hervorbrachte, die heute landläufig als Bausünden verteufelt werden. Das Olympische Dorf und der Schwabinger Fuchsbau fallen ebenso in diese Kategorie wie das Bogenhauser Hügelhaus, nur ein paar Kilometer isaraufwärts. Fest steht aber auch: Wer im Pharao-Haus wohnt, will hier so schnell nicht wieder weg. Kein Wunder, denn etliche der Apartments sind mit Dachterrassen ausgestattet, die so groß sind, dass man auf ihnen Minigolf spielen, Hühner halten oder sogar ein kleines Wäldchen anpflanzen könnte. Überhaupt fällt auf, wie organisch und lebenswert dieses Retro-Domizil an der Cosimastraße wirkt – auch weil auf und um die Stufen, Balkone und Terrassen der Pyramide inzwischen so viel Grün sprießt, dass man vom vermeintlich tristen Grau der Anlage nicht (mehr) viel sieht.

Moderne, brutalistische Architektur gibt es natürlich nicht nur in Deutschland, sondern auf der ganzen Welt. Und überall scheiden sich an ihr die Geister. Ähnlichkeit mit dem Münchner Pharao-Haus haben beispielsweise die gigantischen Pyramiden-Hochhäuser der Feriensiedlung »Marina Baie des Anges« südlich von Nizza. Als hier Ende der 1960er-Jahre gleich vier Mega-Wohnblöcke mit insgesamt 1 300 Apartments direkt am Wasser aus dem Boden gestampft wurden, brachen viele Anwohner in Tränen aus. Freunde des Fortschritts und der internationale Jetset wiederum feierten das Projekt als Symbol des Aufbruchs und als neues Wahrzeichen der Region. Wer mit dem Auto oder Schiff die Côte d'Azur entlangfährt, wird schon aus der Ferne von den leuchtend weißen Riesen begrüßt. Und wer hier in den oberen Stockwerken eine Ferienwohnung mietet oder sogar sein Eigen nennt, kann ihn dann tatsächlich von morgens bis abends genießen – den herrlichen Meerblick.

Bei der Schwabinger Boheme war die Emmeramsmühle am rechten Isarufer schon Anfang des 20. Jahrhunderts beliebt – und bis heute zählt der Biergarten des urig-exklusiven Wirtshauses zu den lauschigsten der Stadt.

Sankt Emmeram 41, 81925 München, tgl. 11–1 Uhr (Küche bis 21.30 Uhr), www.emmeramsmuehle.de

OSTEN UND SÜDEN

Friedhof Bogenhausen, Bogenhauser Kirchplatz 1, 81675 München,
Tram, Bus: Mauerkircher Straße

㊲ Friedhof Bogenhausen
Zentralfriedhof, Wien

Übers Sterben spricht man in München nicht so gern. Zu sehr liebt man an der Isar alles Irdische. Einen Friedhof besuchen? Nein, danke. Im Biergarten ist es schließlich auch schattig und kühl. Ganz anders ticken da unserer österreichischen Nachbarn. »Der Tod, das muss ein Wiener sein«, stellte bereits Georg Kreisler Ende der 1960er-Jahre im Walzertakt fest. Und wenn dann der Sensenmann die Klinge wetzt und es darum geht, den Verstorbenen zu huldigen, lässt man sich in der Donaustadt nicht lumpen: Eine »schöne Leich'« – als solche bezeichnen die Wiener eine besonders gelungene Beisetzung – ist Pflicht. Und die fällt freilich umso pompöser aus, je prominenter die Person, die man ins Jenseits verabschiedet.

Kein Wunder also, dass der Wiener Zentralfriedhof am südöstlichen Stadtrand bei Touristen und Ausflüglern fast genauso beliebt ist wie der Stephansdom oder die Hofburg. Zu regelrechten Pilgerstätten haben sich hier vor allem die Grabmäler erst in jüngerer Zeit verstorbener Größen der Kunst- und Kulturszene entwickelt. Und die machen oft ganz schön was her! Etwa das Ehrengrab von Schlagerstar Udo Jürgens – ein riesiger, in ein weißes Trauertuch gehüllter Konzertflügel aus Marmor. Oder das Grab von Hans Hölzl alias Falco, das aus zwei Säulen und einer halbrunden Glasplatte besteht, in die neben den Titeln seiner populärsten Hits auch ein mannshohes Konterfei des Poptitanen eingearbeitet wurde.

Und in München? Hier versteckt sich der Friedhof, der die meisten Promis beherbergt, am Isarhochufer in Bogenhausen – und er ist ausgerechnet der kleinste der Stadt. Auf dem stillen, gepflegten Areal zu Füßen der spätbarocken St. Georgs-Kirche wurden Rainer Werner Fassbinder, Helmut Dietl, Bernd Eichinger, Helmut Fischer, Rudi Sedlmayer, Oskar Maria Graf und andere berühmte Künstler, Schauspieler und Politiker unter die Erde gebracht, jüngst fand hier auch der Münchner Alt-OB Hans-Jochen Vogel seine letzte Ruhestätte. In den Beeten rund um ihre Gräber blühen die fleißigen Lieschen und Begonien in leuchtenden Farben um die Wette und stechen dabei fast mehr ins Auge als die Grabsteine, die – ganz anders als in Wien – oft überraschend schlicht gestaltet und beschriftet wurden.

Liesl Karlstadt und Erich Kästner müssen sich sogar mit bescheidenen, wenn auch durchaus schmuckvollen Metallkreuzen begnügen. Und so dauert es eben ein Weilchen, bis man die große Münchner Volksschauspielerin und den Schriftsteller, der zu den bekanntesten Autoren Deutschlands zählt, an der südlichen Friedhofsmauer zwischen Efeu und wildem Wein entdeckt. Auf die Suche machen sich jedoch nur wenige, und meist ist der Bogenhausener Friedhof menschenleer. Die Münchner haben es eben nicht so mit dem Tod, zu sehr lieben sie alles Irdische – eine Feststellung, die vermutlich auch Karlstadt und Kästner unterschrieben hätten.

Klein und fein, das trifft auf Michael Hubers Restaurant besonders zu. Fast könnte man vorbeilaufen an diesem leisen Gourmettempel, der sich in Bogenhausen versteckt, dort aber selbst anspruchsvollste Gaumen beglückt.

Newtonstraße 13, 81679 München, www.huber-restaurant.de, Di–Sa 18–22 Uhr (Reservierung empfohlen)

OSTEN UND SÜDEN

Effnerplatz, 81925 München,
Tram, Bus: Effnerplatz

㊳ Effnerplatz
Kōbe, Japan

Was das wohl kosten würde, so eine 60 Meter hohe Tulpe aus Karbon? Noch schöner wäre freilich ein ganzer Tulpenstrauß! An seinen Bestimmungsort, in die riesige Vase am Effnerplatz, müsste man ihn vermutlich mit einem Spezialkran oder Hubschrauber hieven. Ist ja heute alles machbar.

Gefallen würde diese Idee vermutlich auch Altoberbürgermeister Christian Ude (SPD). Er hatte das 1,5 Millionen Euro teure Kunswerk namens »Mae West«, das 2011 über dem Effnertunnel errichtet wurde, bereits in der Planungsphase als »Blumenständer« verspottet. Im Kleinformat könne man so ein Ding in jedem Baumarkt kaufen, ätzte der Rathauschef damals. Und in den Lokalzeitungen der Stadt rätselte man, warum die amerikanische Bildhauerin Rita McBride ihren spröden Entwurf ausgerechnet nach einer Hollywood-Diva benannte, die in den 1930er-Jahren für ihre Sinnlichkeit und ihr frivoles Charisma gefeiert wurde. »Strickliesel« hätte besser gepasst, lästerte so mancher Anwohner. Der Spitzname war aber nur einer von vielen, mit denen sich die Münchner über das drahtig-kühle Design der Skulptur lustig machten.

Noch einen Schritt weiter ging seinerzeit die Kritik des Architekten und Wissenschaftlers Bernhard Schilling. Er warf Rita McBride sogar vor, ihr Entwurf sei ein geschmackloser Abklatsch des markanten Port Tower in Kōbe, dem über 100 Meter hohen Wahrzeichen der Hafenstadt im südlichen Japan. Der sei zumindest begehbar und werde noch dazu nachts effektvoll beleuchtet: »Ist denn keinem in den entscheidenden Gremien aufgefallen, dass es solche Formen längst gibt, viel ästhetischer, die auch eine Funktion haben?«, monierte der damals 72-jährige Branchenprofi in einem Brief an die Münchner Boulevardzeitung »tz«. Doch allen Unkenrufen zum Trotz: »Mae West« wurde gebaut und zählt heute – wenn auch nicht unbedingt zu den schönsten – immerhin zu den unumstritten höchsten Kunstwerken der Stadt.

Rund 200 Tonnen bringt die monumentale Plastik auf die Wage. Bei ihrer Form handelt es sich um einen sogenannten »Hyperboloiden«, der aus insgesamt 32 Karbonrohren besteht, die sich schräg um die eigene Achse drehen und dabei 52 Meter hoch in den Himmel winden. Puh, klingt ganz schön technisch – und sieht auch so aus. Doch viele haben sich mittlerweile an den Anblick gewöhnt, und vor allem aus der Ferne betrachtet, das muss man den Planern lassen, fügt sich die Konstruktion sehr harmonisch in die Hochhauskulisse am Arabellapark ein. Besichtigen kann man »Mae West« natürlich auch aus nächster Nähe: Ein Fußweg führt hinüber zum mattschwarzen Gestänge auf der Verkehrsinsel, und die Trambahnlinien 16 und 17 fahren sogar mitten hindurch!

Doch so imposant und statisch anspruchsvoll dieses Kunstwerk auch sein mag, ein wenig Seele lässt das kahle Gerüst am Effnerplatz bis heute vermissen. Über ein paar Tulpen für den »Blumenständer« könnte man also tatsächlich nachdenken. Oder sogar über einen ganzen Strauß, der nachts bunt leuchtet! Mit Solarstrom betrieben, versteht sich. Ist ja heute alles machbar.

Nein, das »Ushi« schreibt man ohne »c«, und Knödel gibt's hier auch nicht. Dafür aber feinstes, frisches Sushi in vielen Varianten; und auch Ramen und Ceviche schmecken im stylischen Japan-Bistro am Herkomerplatz köstlich.

Herkomerplatz 1A, 81679 München, tgl. ab 17 Uhr, www.ushi.asia

OSTEN UND SÜDEN

Kriechbaumhof, Preysingstraße 71, 81667 München,
Tram: Wörthstraße

㊵ Kriechbaumhof
Emmental, Bern

Kleiner Bauernhof, große Blockhütte, Holzwohnhaus? Was immer es ist, es sieht aus, als hätte es sich nur zufällig hierher verirrt und stammte ursprünglich aus den Schweizer Bergen, so urigalpenländisch wirkt es. Stand es vielleicht mal dort? Hat ein schwerreicher Schweizer sich hier vor Urzeiten einen Traum erfüllt, einen alten Bergbauernhof abbauen und mitten in München wieder aufbauen lassen? Der kam dann bestimmt aus dem Emmental oder dem Berner Land – also, der Bergbauernhof, vielleicht aber auch der Schweizer. Denn im Emmental und in den Tälern des Berner Landes stehen schließlich ganz ähnliche Häuser: Alles aus Holz, das im Laufe der Jahrhunderte dunkel geworden ist, ein umlaufender Balkon, ein tief nach unten gezogenes, vorne abgeflachtes Halbwalmdach. Fehlen nur die Kühe und Ziegen, die Almen und Berge ringsum. Und dann – das verrät das Schild an der Längsseite zwischen zwei Eingangstüren – hat der Alpenverein hier auch noch eine Geschäftsstelle, was auch wieder mit Bergen zu tun hat und gut zu all den Assoziationen passt. Dazu der Holzzaun, die Blumen – ein Idyll.

Naja, von wegen. Alpenidyll und Schweiz-Nostalgie – ganz falsch. Im Kriechbaumhof, vor über 300 Jahren noch in der Wolfgangstraße errichtet, waren Arbeiter untergebracht, die ab dem 17. Jahrhundert ins reiche München strömten – voller Hoffnung auf Lohn und Brot. Aber die Stadt war streng und ließ nicht jeden rein. Viele Menschen mussten daher in einer der damals zahlreichen Herbergen außerhalb der Stadt Unterschlupf finden. Der Kriechbaumhof war eine solche Herberge. Die Arbeiter konnten einzelne Zimmer oder auch ein ganzes Stockwerk mieten. Den Rest kann man sich kaum mehr vorstellen: Dieser hübsche, dörfliche Teil Haidhausens war einmal ein Elendsviertel der Tagelöhner und Arbeiter. Oft lebten Familien mit vielen Kindern in einem einzigen Zimmer, eine Kanalisation gab es nicht, das ganze Viertel war eine Brutstätte für Krankheiten und Seuchen. Mit dem Kampf der Stadt gegen die Armut verschwanden die Herbergen nach und nach, und die wenigen, die noch übrig waren, fegte der Zweite Weltkrieg fort. Bis auf zwei: das Üblackerhaus, in dem heute das Herbergsmuseum einen Eindruck der Wohn- und Lebensverhältnisse früherer Zeiten gibt, und eben der Kriechbaumhof gegenüber, der einen trotz dieses Wissens im Hinterkopf immer wieder mit seiner Schweizer-Berge-Anmutung austrickst. Dass er heute noch steht, ist übrigens ein Glück. Denn 1976 wurde der Kriechbaumhof, baufällig und heruntergekommen wie er war, abgetragen und seine Bestandteile eingelagert. Einige Jahre später beschloss die Stadt, ihn in der Preysingstraße, unweit seines historischen Standorts, wieder aufzubauen. Der Kriechbaumhof stand also wirklich einmal woanders. Aber nie auf einer Schweizer Alm.

Der Preysinggarten, eine der ältesten Gaststätten Haidhausens, serviert viel Italienisches, aber auch Thaicurry und griechische Vorspeisen. Schönes Gebäude und ebenso schöner Biergarten.

Preysingstraße 69, 81667 München, Di–Fr 11–1, Sa/So 10–1 Uhr, www.preysinggarten.com

OSTEN UND SÜDEN

Positive Vibrations – Didgeridoo & More, Rablstraße 37, 81669 München,
www.didgeridoo-onlineshop.de,
S-Bahn, Tram, Bus: Rosenheimer Platz

④⓪ Didgeridoo, Rablstraße
Queensland, Australien

Zwischen den ersten Instrumenten der australischen Aborigines und dem Wohnzimmer von Bernhard Pfeil liegen viele tausend Jahre und 14 500 Kilometer Luftlinie. Trotzdem gibt es bei ihm vermutlich mehr Didgeridoos zu sehen als bei einer durchschnittlichen dreiwöchigen Australienreise. »Positive Vibrations – Didgeridoo & More« heißt der Onlineshop zum Wohnzimmer, aber viele Kunden testen lieber vor Ort, bis sie das richtige Rohr gefunden haben. Didgeridoo-Neulinge gehen dann unter Umständen zunächst mal mit einem günstigen Plastiksanitärrohr mit eingepasstem Mundstück nach Hause, für den Einstieg. Nach ein paar Monaten üben, vor allem den Trick mit der Zirkulationsatmung, ist es leichter, das richtige Rohr für sich zu finden. Denn, das weiß Bernhard Pfeil aus Erfahrung: »Mensch und Instrument müssen zusammenpassen.«

80 bis 90 Stück dürften es sein, die dekorativ hinter dem Sofa stehen oder platzsparend unter der Decke verstaut sind, darunter originale australische Didgeridoos, die Yidakis oder Magos heißen und immer aus Eukalyptusholz sind, aber auch moderne Hightechteile. Die baut er selbst. Ganz ohne Holz und Termiten, aber mithilfe genauer Computerberechnungen – Luftsäule, Obertöne, Schwingungsverhältnisse, das ganze Sounddesign – und eines 3-D-Druckers. Das solcherart hergestellte Blasrohr wird zwecks Unkaputtbarkeit noch von einer zweiten Kunststoffschicht aus Fiberglas umhüllt und mit einem eigenen Farbdesign versehen.

Das Ergebnis sieht ganz anders als die urwüchsigen Vorgänger aus, nämlich modern, innovativ und ebenmäßig. Trotzdem ist es ein Didgeridoo, klingt wie eins, wird gespielt wie eins, Atmung, Obertöne, Rhythmus und so weiter. Ein Purist, der das nicht authentisch finden will, könnte sich von Bernhard Pfeil erklären lassen, warum so ein Hightechrohr keine Missachtung der indigenen Tradition ist, sondern eine sinnvolle Weiterentwicklung. Denn Eukalyptusstämme, die von Termiten hohl gefressen werden, wachsen in Australien als Instrumentenrohstoff buchstäblich aus den Bäumen. In Deutschland aber, wo es weder Termiten noch Yellowbox, Stringybark, Bloodwood oder eine andere der 200 Eukalyptusarten, dafür aber ausgeprägte Temperatur- und Witterungsschwankungen gibt, brauchen die originalen Holzblasrohre fürsorgliche Besitzer. Zu lange im Sommer im Auto gelassen, zack! Riss im Holz. Zu kaltes, zu feuchtes Wetter – verstimmtes Didgeridoo. Kunststoffinstrumente verstimmen sich nicht, manche lassen sich aber stimmen, was beim Zusammenspiel mit anderen Musikern ein Vorteil sein kann. Den Siegeszug in der Weltmusik haben Didgeridoos ja längst angetreten.

In Australien gibt es das weltliche und das zeremonielle Spielen: Jeder Clan, erzählt Bernhard Pfeil, hat seine eigene geheime Zeremonienmusik mit ebenso geheimen Abläufen und Rhythmen, die weiterzugeben streng verboten ist. Daneben gibt es aber auch die freie Lust am Spielen. Die vermittelt er auch selbst in Workshops, in München zum Beispiel am freien Musikzentrum. Und was diese knifflige Sache mit der Zirkulationsatmung angeht: Die hat bisher noch jeder gelernt.

Das Café Haidhausen ist ein Münchener Klassiker, wo jeder sich willkommen fühlt. Gemütlich und unprätentiös, ideal zum Frühstücken bis in den Nachmittag, aber auch für kleine Pastagerichte, Salate, Chili con Carne oder Thaicurry.

Franziskanerstraße 4, 81669 München, Mo–Sa 10–1, So 10–24 Uhr, www.cafehaidhausen.de

OSTEN UND SÜDEN

WERK3, Atelierstraße 10–18, 81671 München,
werksviertel-mitte.de,
Bus: Ostbahnhof Friedenstraße

④¹ Werksviertel
Vancouver Island, Kanada

Schon seit 30 Jahren grasen Ziegen auf den begrünten Dächern des Old Country Market in Coombs, einer kleinen, verschlafenen Gemeinde auf Vancouver Island im Westen Kanadas. Und viele, die auf dem Weg zum berühmten Alberni Highway einen Zwischenstopp einlegen, tun das nicht nur, um Proviant oder Souvenirs einzukaufen, sondern vor allem auch wegen Minyon, Nibbles und Pip. So heißen die drei zotteligen Geißböcke der jüngsten Ziegengeneration, die hier jeden Sommer hoch über den Köpfen der Kundschaft zum Dienst anrückt. Den Rasen schön kurz und Besucher bei Laune halten, lautet ihre Mission. Um sie zu erfüllen, balancieren die Tiere scheinbar mühelos auf den verwinkelten Dachflächen hin und her, die mit Holzplanken verbunden und an manchen Stellen sogar ziemlich steil sind. An all die Touristen, die ihnen täglich dabei zusehen, haben sich die Ziegenbrüder längst gewöhnt, und immer wieder wagt sich einer von ihnen neugierig und gefährlich nah an die Dachkante, um für ein Erinnerungsfoto zu posieren.

Ob man auch im Münchner Werksviertel schon darüber nachgedacht hat, Tassen, T-Shirts und Jutebeutel mit lustigen Schafmotiven zu bedrucken? Verkaufen würden sich solche Fanartikel vermutlich bestens. Denn in die Walliser Schwarznasenschafe, die 2017 aufs Flachdach des WERK3 im Herzen des Kreativquartiers umgezogen sind, hat sich mittlerweile die halbe Stadt verliebt. Kein Wunder, denn die Tiere, deren Fell so überbordend lockig und flauschig ist, dass man darunter kaum ihre Augen erkennt, sind einfach nur zum Knuddeln. Vier erwachsene und drei junge Schafe grasten und blökten zuletzt auf dem 60 Meter hohen, 2500 Quadratmeter großen Dachgarten nicht weit vom Ostbahnhof, der sich über die Jahre hinweg in ein kleines Naturparadies verwandelt

hat. Dass sich die kleine Herde in diesem Biotop wohlfühlt, zeigt allein schon die Tatsache, dass auf der Stadtalm immer wieder Lämmer geboren werden – und die sind so süß, dass sie natürlich jeder sehen möchte.

Anders als die Ziegen des Old Country Market in Coombs, bekommen die Schwarznasenschafe im Werksviertel allerdings eher selten Besuch von Touristen. Schließlich sind sie Teil eines noch recht jungen und störungsempfindlichen Ökosystems, das hier behutsam eingerichtet wurde und fortwährend erweitert wird. So leben auf der Stadtalm mittlerweile nicht nur Schafe, die sich als vierbeinige Rasenmäher um die Pflege ihrer Blumen- und Kräuterwiese kümmern, sondern auch Hühner und Bienenvölker. Vor allem Schulklassen dürfen sich das alles regelmäßig ansehen: In der Almschule, die in einer Holzhütte neben dem Schafstall auf dem Dach des WERK3 untergebracht ist, werden immer wieder Workshops für Kinder und Jugendliche zum Thema Nachhaltigkeit veranstaltet. Willkommen sind natürlich auch alle anderen Gäste. Sie müssen jedoch eine Führung buchen, die unter dem Titel »Ein Naturprojekt im Werksviertel – die Stadtalm« angeboten wird.

So gemütlich ist kein anderes Lokal im Werksviertel: In der »Kunst-Werk-Küche« herrscht nostalgische Kaffeehaus-Atmosphäre. Und egal, ob Frühstück oder Lunch, auf die Teller kommt nur Frisches aus der Region.

Atelierstraße 18 (im Werk3), 81671 München, Fr–Sa 11.30–15 Uhr, www.kunstwerkkueche.de

OSTEN UND SÜDEN

Pfarrei Mariahilf München Au, Mariahilfplatz 11, 81541 München,
www.erzbistum-muenchen.de,
Tram, Bus: Mariahilfplatz

㊷ Mariahilfkirche
Grote Kerk, Den Haag

Im Inneren der Mariahilfkirche verbirgt sich ein Geheimnis. Welches, verrät gleich dieser Text. Kein Spoileralarm! Denn wirklich gelüftet wird das Geheimnis erst, wenn man zu einem bestimmten Termin die Ohren spitzt und lauscht: alle zwei Wochen von 11 bis 11.30 Uhr zum samstäglichen Wochenmarkt auf dem Mariahilfplatz, wenn das Carillon im Kirchturm erklingt. Bis zu zwölf besonders Neugierige dürfen dann mit dem Carilloneur Peer Günther hinaufsteigen und ihm live vor Ort beim Spielen zusehen.

Erwischt? Keine Ahnung, was ein Carillon ist? Das wäre nicht weiter verwunderlich, besonders bekannt sind sie hier nämlich nicht. In Deutschland gibt es gerade mal 49 Stück, und das einzige in München erklingt im Turm der Mariahilfkirche. Wer es hört, darf sich zwar nicht leibhaftig, aber jedenfalls akustisch sozusagen auf einen Schlag nach Belgien oder in die Niederlande katapultiert fühlen, wo Carillons sehr häufig zu finden sind. Hochburg des Carillonspiels ist Den Haag in Zuid-Holland mit sieben Konzerten pro Woche in drei Türmen, darunter dem der Grote Kerk, die der Mariahilfkirche mit ihrem roten Backstein optisch ein wenig ähnelt. Die größte Gemeinsamkeit ist aber das Carillon im Turm.

Und hier jetzt auch die Auflösung für alle, die es nicht ohnehin schon wissen: Ein Carillon ist ein Turmglockenspiel. Als hätte es sich nicht entscheiden können, ob es lieber eine Glocke oder ein Instrument sein will, wurde das Carillon eben beides. Dass es sich gern in Kirchen wie der Grote Kerk und der Mariahilfkirche aufhält, liegt am Turm, nicht an der Kirche, denn es ist kein sakrales Instrument. Genauso finden sich Carillons in frei stehenden Glockentürmen oder in Rathaustürmen. Gespielt werden klassische Stücke, z. B. von Matthias van den Gheyn, dem flämischen Komponisten und »Bach des Carillon« aus dem 18. Jahrhundert, genauso wie Popmusik oder auch mal ein Fußballhit, wenn gerade Weltmeisterschaft ist. Auch für Weltmusik sind Carillons sehr geeignet.

Es sind beeindruckend große Instrumente: Das Carillon der Mariahilfkirche mit 65 Glocken wiegt 23 Tonnen, das der Grote Kerk hat 51 Glocken und schweigt sich vornehm über sein Gewicht aus. Gespielt werden die Glocken nicht direkt, sondern über lange Holzstäbe, die Stocktasten, die über Drahtzüge mit den Glockenklöppeln verbunden sind. Die Stocktasten werden mit der Handkante oder mit der Faust gespielt, die Pedale mit den Füßen. Wer ohnehin schon Klavier spielen kann wie Peer Günther, der Musiklehrer an einem Münchner Gymnasium ist, lernt auch Carillon ohne Probleme. Die Noten sind wie Klaviernoten, und auch die Anordnung der Tasten entspricht denen des Klaviers. Turmglockenspiel-Freunde und alle, die jetzt neugierig geworden sind, dieses ungewöhnliche Instrument einmal zu hören, können sich freuen: 2022 ist sogar eine Konzertreihe für das Carillon der Mariahilfkirche geplant.

Henry hat Hunger, und alle, auf die das noch zutrifft, sind in diesem hübschen Café mit dem originellen Namen gut aufgehoben: Tramezzini und Panini, Kuchen und Flammkuchen, vegetarische und vegane Kleinigkeiten. Ideal auch zum Frühstücken.

Zeppelinstraße 27, 81541 München, Mo–Fr 8–17, Sa/So 10–17 Uhr, www.henryhathunger.de

OSTEN UND SÜDEN

Anatolia Hamam, Wirtstraße 1B, 81539 München,
Di–So 10.30–21 Uhr, hamamanatolia.de,
Bus: Tegernseer Landstraße

㊸ Hamam, Wirtstraße
Cagaloglu Hamam, Istanbul

Arme das strenge Reinlichkeitsgebot befolgen konnten. Und dann waren Hamams auch Orte der Begegnung, wo Geschäfte geschlossen und Geschichten ausgetauscht wurden. Heute steht beim Hamam hüben wie drüben der Wellnessgedanke im Vordergrund.

Nach dem Tee geht es die Treppe hinunter in die Umkleide. Auch hier keine Fliesen, sondern Holzboden und Teppich, es wird das Pestemal überreicht, das dünne Tuch aus Baumwolle oder Leinen, das man sich um den Körper schlingt. In der dampfigen Luft des Heißraums ist erstmal Zeit, auf den heißen Steinplatten zu liegen und darüber nachzudenken, was einen wohl erwartet. Immerhin hat Moltke von einer »eigentümlichen Prozedur« geschrieben: »Der ganze Körper wird gerieben und alle Muskeln gereckt und gedrückt. Der Mann kniet einem auf die Brust oder fährt mit dem Knöchel des Daumens über das Rückgrat; alle Glieder, die Finger und selbst das Genick bringt er durch eine leichte Manipulation zum Knacken.« Nein, also – was immer über die Badekultur der Türkei gelesen wurde: alles vergessen, sobald man bei der Seifenschaummassage zu einem wonnigen, luftigen Wölkchen zerschmilzt. Beim kalten Wasser am Schluss nicht kneifen! Es gehört zum Ritual dazu.

Die konsultierten Reiseautoren sind sich einig: Ein Hamambesuch gehört unbedingt zu einer Türkeireise. Das Ambiente! Das Erlebnis! So entspannt und vor allem so sauber fühlt man sich danach. Zum Stichwort »sauber« wird gerne Helmuth von Moltke zitiert, ein preußischer Generalfeldmarschall. Der weilte seinerzeit, ab 1836, als Militärberater in der Türkei, und in seinen Erinnerungen hielt er fest: »Man möchte sagen«, schreibt er, »dass man noch nie gewaschen gewesen ist, bevor man nicht ein türkisches Bad genommen.« Was es mit diesem unvergleichlichen Sauberkeitsempfinden auf sich hat, lässt sich auch im Anatolia Hamam in Giesing herausfinden. Von außen ist von der 1001-Nacht-Atmosphäre noch nichts zu ahnen: ein zweckmäßiger Flachdachbau, nebenan ein McDonalds. Aber drinnen! Eine elegante Sitzecke und geschwungene Bordüren, orientalische Lampen, Apfeltee aus kleinen Gläsern. Unzählige Hamams hat Betreiber Cagdas Celik schon in der Türkei besucht und sich inspirieren lassen. Es ging schon immer um Wohlbehagen und Entspannung, aber nicht nur.

Früher hatten viele Häuser kein Bad, wohlhabende Muslime stifteten Badehäuser für alle, damit auch

Am Candidplatz, zehn Minuten Fußweg entfernt, serviert das Matiz einen Mix aus mediterraner und orientalischer Küche. Gegrilltes, Fleisch oder Fisch, gefüllte Aubergine, Börek oder Tabouleh, alles fein gewürzt und im Sommer auch auf der ruhigen Terrasse zu genießen.

Candidplatz 9, 81543 München, Mo–Fr 11.30–15 und 17–24, Sa 17–24 Uhr, matiz-munich.com

OSTEN UND SÜDEN

Djembebeat, Lindwurmstraße 29, 80337 München,
www.djembebeat.de,
Bus: Maistraße

④ Trommeln, Lindwurmstraße
Bamako, Mali

Um westafrikanisches Trommeln zu lernen, kann man natürlich ins Djembehotel nach Bamako fahren, der Hauptstadt von Mali. Allerdings kann es trifftige Gründe geben, das nicht zu tun: die politische Lage, ein Militärputsch, der Ausbruch einer gefährlichen Krankheit. So ging es jedenfalls Martina Schulz, der Trommellehrerin mit den dunkelblonden Dreadlocks, die es zwar noch nicht nach Mali geschafft hat, aber alle Trommeln kennt, die in Westafrika gespielt werden. Sie weiß auch, was ein Moribayassa ist und dass die einfellige Djembe von den drei Basstrommeln Kenkeni, Sangban und Dundun begleitet wird.

Martina gibt in ihrer Trommelschule Djembebeat einen Einblick in zwei Welten: in die hemdsärmelig entspannte Welt der alternativen Musikszene Münchens und die eindrucksvoll vielfältige Welt der Trommeln, Traditionen und Rhythmen Guineas und Malis. 14 Djemben, zehn Basstrommeln, zwei Balafone, sechs Schlitztrommeln, zwei Holmxylofone namens Amadinda und zwei Sabar, senegalesische Stocktrommeln, füllen Martinas »afrikanisches Wohnzimmer«, einen Kellerraum in einem unauffälligen Haus in der Lindwurmstraße, in dem sie Workshops und Einzelunterricht gibt. An der Wand hängt eine Tafel mit ungewöhnlichen Noten: alle auf derselben Höhe, dazu Kreuze und leere Notenstrichen. Ein Djemberhythmus.

Die studierte Geografin merkte nach der Uni schnell, dass sie ihr Berufsleben rund um das afrikanische Trommeln organisieren wollte. Seit 25 Jahren bringt sie Interessierten westafrikanische Beats bei, erzählt, welcher Rhythmus bei der Feldarbeit und welcher bei Festen zum Einsatz kommt, und überdrüssig ist sie all dem auch nach einem Vierteljahrhundert nicht, im Gegenteil: »Jeder Schlag macht Freude!« Wer ihr zuhört, glaubt das sofort. So einfach kann es sein, das Fremde, Exotische der afrikanischen Trommelmusik, auch wenn diese, wie man gerade erst gelernt hat, so komplex ist. Und der Moribayassa ist übrigens ein alter Rhythmus und Tanz des Volkes der Malinké in Guinea.

Ein paar Minuten stadtauswärts liegt das junge, sehr authentische und stylishe Lokal Ntanta Bar & African Cuisine. Hier gibt es viel Musik, oft in Verbindung mit einer Party, kenianisches Tuskabier, nigerianischen Orijin Bitter und eine Auswahl an westafrikanischen Speisen wie Pfeffersuppe, gebratenen Fisch mit Kochbanane oder die nigerianische Spezialität Nkwobi, was mit »Kuhbeincurry« unzureichend übersetzt scheint.

Tumblingerstraße 16, 80337 München, So–Do 15–24, Fr, Sa 15–3 Uhr, www.facebook.com/ntantabar

OSTEN UND SÜDEN

Kath. Pfarramt St. Maximilian, Deutingerstraße 4, 80469 München,
www.st-maximilian.de,
U-Bahn, Tram, Bus: Fraunhoferstraße

㊺ St. Maximilian
Notre-Dame, Paris

Oft muss man die Hosenbeine hinauf bis zu den Knien krempeln, um hinüber zur Weideninsel zu waten. Und wenn es mal wieder viel geregnet hat, ist das winzige Eiland zwischen der Reichenbach- und Wittelsbacherbrücke nur dickfelligen Wasserratten vorbehalten, die sich weder von der Eiseskälte noch von der Strömung der Isar einschüchtern lassen. Doch egal, ob man klatschnass oder trocken ankommt: Hat man das kleine, wildromantische Fleckchen Land im Fluss erreicht und erobert, fühlt man sich nicht nur wie ein König, sondern auch ein bisschen wie in … genau, Paris!

Mit der Île de la Cité hat die Weideninsel natürlich wenig gemein; als Pendant kämen da schon eher die Museums- oder die Praterinsel flussabwärts infrage. Französisches Hauptstadtflair versprüht auch nicht das Inselchen selbst – zum Glück! Es bietet vielmehr die Logenplätze mit der schönsten Aussicht aufs linke Isarufer. Hier ragen hinter dichten Bäumen stolz die rechteckigen Doppeltürme der Pfarrkirche St. Maximilian in den Himmel, die schon auf den ersten Blick an die berühmte, ebenfalls kastenförmige Westfassade der Kathedrale von Notre-Dame erinnern. Die Ähnlichkeit rührt vor allem daher, dass die imposanten Kirchtürme hier wie dort keine Turmhauben tragen.

Bei St. Maximilian war das nicht immer so. Das Gotteshaus wurde erst Ende des 19. Jahrhunderts in neuromanischem Stil errichtet. Geplant und gebaut wurden zwei von Spitzhelmen gekrönte Glockentürme – für den Architekten Heinrich von Schmidt eine Selbstverständlichkeit. Im Zweiten Weltkrieg wurde die Kirche dann aber schwer beschädigt, und die Turmhelme wurden beim Wiederaufbau durch flache Provisorien ersetzt. Bis heute hat man an dieser Lösung festgehalten – vermutlich, weil die Glockentürme auch ohne Spitzen eine mehr als gute Figur machen und sich so noch dazu apart von den anderen Sakralbauten der Stadt abheben.

Als St. Maximilian Anfang des 20. Jahrhunderts neu geweiht wurde, blickte Notre-Dame de Paris bereits auf eine über 700-jährige Geschichte zurück. Spätestens Mitte des 19. Jahrhunderts wurde die Kirche dann durch Victor Hugos Roman »Der Glöckner von Notre-Dame« weltbekannt. Mit Rainer Schießler hat auch St. Maximilian eine ähnlich schillernde Figur. Seit fast 30 Jahren steht der gebürtige Laimer an der Spitze der Pfarrgemeinde. Anders als Hugos Romanheld Quasimodo wird er jedoch von vielen Münchnern glühend verehrt – auch weil er als Seelsorger oft ungewöhnliche Wege geht: Viele Jahre kellnerte er nebenher auf der Wiesn, schon seit Jahrzehnten lebt er mit seiner Haushälterin Gunda zusammen, und seinen Segen erteilt er mit Überzeugung auch homosexuellen Paaren. »Das Leben passiert, das Leben findet statt«, sagt Schießler. Ein Motto, das im quirligen Glockenbachviertel gut ankommt.

Ob Pfarrer Schießler im Sommer auch manchmal hinüber zur Weideninsel schwimmt? Vielleicht trinkt er dort ja mit seiner Gunda ein Gläschen Bordeaux und genießt den wunderbaren Blick auf die Doppeltürme seiner Kirche, die im Abendlicht so wunderbar leuchten.

Im Maria trifft Okzident auf Orient: Hier kann man nicht nur hervorragend frühstücken, sondern wird auch mittags und abends mit mediterranen, arabischen und natürlich bayerischen Schmankerln verwöhnt.

Klenzestraße 97, 80469 München, Mo–So 9–23 Uhr, www.dasmaria.de

OSTEN UND SÜDEN

Savanna, Maistraße 63, 80337 München,
Di–So 17–22 Uhr, www.savanna-munich.com,
Bus: Kapuzinerstraße

46 Braai, Maistraße
Kapstadt, Südafrika

»Gegrilltes Zebra, Krokodil und traditionelle Eintöpfe aus Südafrika in zwangloser Umgebung«, lautet die schnörkellose Kurzbeschreibung der Suchmaschine Google zum Savanna in der Maistraße. Ähm, wie bitte? Gegrilltes Krokodil? Eingefleischte Veganerinnen und Veganer müssen jetzt stark sein oder dieses Kapitel einfach überspringen. Denn natürlich ist das Savanna, übrigens der bislang einzige Südafrikaner der Stadt, nicht jedermanns Sache. Vor allem auch, weil sich dieses Restaurant einiger buchstäblich abenteuerlicher Klischees bedient. Aber der Reihe nach. Denn los geht die exotisch-kulinarische Reise nicht in, sondern schon vor dem Lokal.

Nellie heißt die charmante Elefantendame, deren lebensgroßer Kopf – freilich nicht ausgestopft, sondern aus Kunststoff geformt – schon vor vielen Jahren über der Eingangstür des Restaurants verdübelt wurde. Ein echter Hingucker, finden alle Stammgäste und Savanna-Freunde. Einige Anwohner störten sich hingen an so viel explizitem Großwild in ihrer beschaulichen Straße und beschwerten sich prompt bei den Behörden. Darf Nellie also bleiben, oder muss sie weg? Ersteres scheint der Fall zu sein. Zur Sicherheit sammelt das Savanna aber weiterhin unermüdlich Unterschriften: »Save Nellie the Elephant« lautet das Motto der hauseigenen Petition – und viele Gäste, die zum ersten Mal hier waren und einen schönen Abend hatten, greifen zum Kugelschreiber.

Bevor es soweit ist, heißt es aber Platz nehmen und sich akklimatisieren: Riesige Imitate von Stoßzähnen flankieren den Durchgang zum schummerig-verwinkelten Gastraum. Auf den langen Holzbänken liegen Kissen mit Giraffen- und Leopardenmuster, und an den blutorangen Wänden hängen Speere, Antilopengeweihe und beleuchtete Stammesmasken. Sofort ins Auge fallen auch die Barhocker im Loungebereich des Lokals, die Elefantenbeinen nachempfunden sind. Wer jetzt ein schlechtes Gewissen bekommt … Kann man haben. Oder man lässt sich einfach ein auf dieses etwas kitschige, vor allem aber urgemütliche Ambiente, das so wirkt, als sei es dem Safari-Klassiker »Hatari!« (1962) mit John Wayne und Elsa Martinelli entsprungen.

Und außerdem ist man ja zum Essen und Genießen hier, oder? Die Weine aus Südafrika sind exzellent, das weiß man auch hierzulande längst. Sich auf der Speisekarte zurechtzufinden, ist hingegen kniffliger. Zauderer können sich mit einer »Adventure-Platte« an die Spezialitäten des Hauses heranpirschen und dazu noch ein paar Tapas ordern: Es gibt Broodjes, Grillgemüse, Maispolenta, Bobotie und dazu Chuntneys und andere köstlich-würzige Soßen. Und das Fleisch? Auf den Platten wird es häppchenweise und sogar beschriftet serviert: Ein wenig Zebra und Strauß, ein Hauch von Kingklip, Kostproben vom namibischen Rind. Und mittendrin liegt es dann plötzlich vor einem: »Croko« steht auf dem Fähnchen, das aus einem gegrillten Filetstück herausragt. Uiuiui, wie das wohl schmeckt? Noch zarter als das Fleisch eines Tieres, das man auch hierzulande gern und häufig isst. Mehr wird hier noch nicht verraten!

Fleisch ohne Fleisch? Im Max Pett gelingt dieser Zaubertrick! Sojaschnitzel, vegane Cheeseburger & Co. munden hier auch der karnivoren Kundschaft. Gleiches gilt natürlich auch für vegane Kuchen und Desserts.

Pettenkoferstr. 8, 80336 München, Di–So 11.30–23 Uhr (Reservierung empfohlen), www.max-pett.de

OSTEN UND SÜDEN

Hall of Fame Tumblingerstraße, Tumblingerstraße 62, 80337 München,
Bus: Tumblingerstraße

⓬ Tumblingerstraße
East Side Gallery, Berlin

München und Berlin zu vergleichen ist in etwa so, wie einen Schweinsbraten mit einem Döner zu vergleichen, beides ist schließlich mit Fleisch. Oder einen SUV mit einem BMX-Bike, beides dient schließlich der Fortbewegung. Oder als würde man einen Besuch beim Juwelier mit einem Besuch beim Tätowierer vergleichen – beides dient dem Erwerb von etwas, das man als Aufwertung des eigenen Selbst empfindet. Und nein, damit soll nicht gesagt sein, dass München der Schweinsbraten ist, den man verspeist, bevor man mit dem SUV zum Juwelier fährt, und Berlin der vor dem Tattoostudio auf einem BMX-Bike verspeiste Döner. Schließlich kann man auch in München Döner essen, BMX-Rad fahren und sich tätowieren lassen und in Berlin einen passablen Schweinsbraten, einen Juwelierladen und mit dem SUV keinen Parkplatz finden. Es geht eigentlich darum: Ein Vergleich beider Städte ist schwierig. Trotzdem passiert es die ganze Zeit. Auch dieser Text wird das jetzt tun und die Hall of Fame in der Tumblingerstraße mit der East Side Gallery vergleichen, und das ist in etwa so, als würde man – nein, genug davon. Schauen wir uns die Gemeinsamkeiten an: hier wie da urbane Streetart-Kunst an einer langen Wand. Die East Side Gallery ist mit 1,3 Kilometer Länge allerdings die längste Open-Air-Gallery der Welt, die Wand an der Tumblingerstraße vielleicht bescheidene 150 Meter lang. Und historisch betrachtet macht die denkmalgeschützte East Side Gallery die deutlich größere Ansage, handelt es sich doch um Überreste der Berliner Mauer. Die Hall of Fame im Münchner Schlachthofviertel ist einfach eine Backsteinmauer.

Aber wir wollten ja die Gemeinsamkeiten! Also: Beide sind legale Graffiti-Wände, sogenannte Walls of Fame oder Halls of Fame: Wände mit hohem künstlerischen Anspruch, kein Geschmier, offiziell freigegeben für die Writer. Was die Werke angeht, können sich beide sehen lassen. Die East Side Gallery hat aufgrund ihrer Länge aber nun mal mehr Bilder, darunter auch berühmt gewordene wie den »Bruderkuss« zwischen Breschnew und Honecker. Aber auch die Hall of Fame pflegt Erinnerungskultur: Im Jahr 2020 lud der Verein zur Förderung urbaner Kunst Künstlerinnen und Künstler ein, ein Statement gegen rechts zu sprayen. Ein riesiges Porträt der Geschwister Scholl entstand. Und weil die Hall of Fame gegenüber der East Side Gallery trotz allem ein wenig im Hintertreffen ist, folgt hier noch der Hinweis, dass es die angeblich viel braveren, traditionelleren Münchner und nicht etwa die Berliner waren, die 1985 die deutsche Streetart begründeten: Sieben Teenager aus München und Umgebung besprühten damals in Geltendorf Deutschlands ersten Wholetrain, eine auf ganzer Länge mit Graffiti verzierte S-Bahn. Einer der Teenager war Mathias Köhler alias Loomit, der heute zu den bekanntesten deutschen Streetart-Künstlern überhaupt gehört. Mit solchen wie ihm fing alles überhaupt erst an. In München, nicht in Berlin.

Die Vesperia ist Bar und Restaurant zugleich und serviert – nomen est omen – verschiedene Brotzeitteller sowie eine kleine Auswahl an Pasta, Burgern und Desserts. Zu trinken gibt es neben regionalem Bier selbst kreierte Cocktails. Gemütliche, entspannte Kneipenatmosphäre.

Schmellerstraße 4, 80337 München, Mo–Sa 17.30–24 Uhr, vesperia-muenchen.de

OSTEN UND SÜDEN

Alte Utting, Lagerhausstraße 15, 81371 München,
Di/Mi 16–24, Do 16–1, Fr 16–2, Sa 10–2, So 10–22 Uhr, www.alte-utting.de,
Bus: Lagerhausstraße

48 Alte Utting
Themse, London

Big City Lights! Was die Londoner können, können die Münchner auch. Oder? Naja, neidlos anerkannt, bietet die Megacity London wichtigere Adressen für ungewöhnliche Locations, abgefahrene Bars und ein aufregendes Nachtleben als das behagliche oberbayerische Millionendorf. Trotzdem ist es total fair, die Alte Utting mit Tamesis Dock zu vergleichen: das eine ein altes bayerisches Ausflugsschiff, Baujahr 1950, das andere ein ehemaliger holländischer Lastkahn, Baujahr 1930. Beide haben immer noch Gäste, nur sind es keine Fahrgäste mehr. Tamesis Dock liegt zwischen Lamberth und Vauxhall Bridge am Albert Embarkment, also auf der Themse mitten in London, und zwar als Bar. Mit Livemusik, Events und Partys, hippem Publikum, Ausblick auf die »big city lights« des Stadtteils Westminster am gegenüberliegenden Ufer. Hinter der Lambeth Bridge sieht man sogar einen Turm des Palace of Westminster aufragen. Wow!

Aber was die Fähigkeit angeht, ein ausrangiertes altes Schiff einer neuen Bestimmung als Ausgehlocation zuzuführen, muss ganz klar gesagt werden: Das können die Münchner auch. Genauer: die Münchner rund um den jungen, kreativen Unternehmer Daniel Hahn. Er ist einer von drei Brüdern, die mit sehr viel Mut, Inspiration und Tatkraft in der Stadt für einzigartige subkulturelle Blüten sorgen, die es, wie man weiß, in München immer ein bisschen schwerer mit dem Blühen haben als in anderen Städten.

Eine solche Blüte ist die Alte Utting, die über 60 Jahre als Ausflugsschiff auf dem Ammersee im Dienst war, bevor sie 2017 von Daniel Hahn und Crew vor der Verschrottung gerettet, in zwei Teile zersägt und per Spedition als Schwertransport nach München gebracht wurde. Über den Mittleren Ring! Überholen konnte sie da keiner mehr, die gute Alte Utting brauchte beide Spuren. Aber die Straßen waren für ihre Reise nach München sowieso extra gesperrt. Oberteil und Unterteil wurden am Bestimmungsort wieder zusammengesetzt, und dann wurde die Alte Utting nicht nur zur Kneipe, sondern auch zum Luftschiff umfunktioniert. Fliegen kann sie zwar nicht, sie liegt aber sehr erhaben auf einer stillgelegten Eisenbahnbrücke, am Ende des ebenso stillgelegten Südbahnhofs am Rand des Schlachthofviertels und ums Eck der Großmarkthalle. Insider wissen: Hier ist München anders und ein bisschen »shabby«. Hier geht so manches, das ganz weit weg ist von Bussibussi und Schickimicki, Mia-san-mia und großkopfertem Getue. »Is Munich getting cool? Look for the boat on the bridge«, schrieb 2018 sogar die New York Times beeindruckt. Besonders schön sieht es abends aus, wenn Lampions und Lichtergirlanden bunt über dem scheinbar am dunklen Himmel schwebenden Schiff leuchten. Ganz schön abgefahren, auch wenn die Alte Utting ganz ruhig daliegt. Aber wer gern mal ein bisschen tiefer ins Glas schaut, der spürt dann vielleicht sogar, wie das Schiff schwankt, hm?

> **i** *Im Schiff selbst werden nur Getränke verkauft, aber rings um die Alte Utting gibt es verschiedene Essensstände: Burger, Bowls, Crêpes und die Afrikanische Zauberküche mit aromatisch senegambischen Genüssen: Hühnchen in Mangosoße, Rindfleisch in Erdnussoße, immer mit Reis oder Couscous und viel Gemüse.*
>
> *Adresse wie Alte Utting, Essensstände Mo–Fr 16–22, Sa/So 12–22 Uhr, Frühstück Sa/So ab 10 Uhr*

OSTEN UND SÜDEN

Tierpark Hellabrunn, Tierparkstraße 30, 81543 München,
tgl. 9–17 Uhr, www.hellabrunn.de,
Bus: Zentralländstraße

㊾ Nachts im Tierpark Hellabrunn
Serengeti, Tansania

Nach Kontinenten geordnete Areale, die Gehege als Dschungel, alpine Felsenlandschaft oder Wüste möglichst artgerecht gestaltet – so ein Zoobesuch ist heutzutage wie eine kleine Nachmittagsweltreise mit Tieren und für wenig Geld. Der Tierpark Hellabrunn, 1911 eröffnet, darf sich rühmen, der älteste Geozoo Deutschlands zu sein, da er schon 1928 umgestaltet wurde. An sonnigen Wochenenden allerdings wimmelt es überall von Menschen. Spielplätze, Imbissstände, Toiletten und Mülleimer sorgen für artgerechte Haltung menschlicher Zweibeiner, erinnern aber fortwährend daran, dass man einfach nur im Zoo ist und nicht, sagen wir, in der Wildnis Afrikas.

Wer bei seinem Zoobesuch ein kleines Safarigefühl haben will, sollte kommen, wenn alle wieder weg sind. Viele Zoofreunde wissen gar nicht, dass es in Hellabrunn auch Abend- und Nachtführungen gibt. Statt sich unter die Menschenmassen zu mischen, gibt es eine exklusive Führung in einer kleinen Gruppe, je nach Jahreszeit früher oder später am Abend, immer aber nach Einbruch der Dämmerung bzw. nach Sonnenuntergang. Termine stehen auf der Website.

Das ist allein deshalb spannend, weil gut besuchte Tagsüber-Orte einen ganz anderen Reiz bekommen, wenn sie verlassen im Dunkeln liegen. Außerdem funktionieren die Sinne in der Dunkelheit anders, und mancher Besuchergruppe fällt vielleicht ein leises, aber deutliches Grunzen auf – da müssen Schweine in der Nähe sein, vielleicht die Pinselohrschweine? Reingelegt: Die vermeintlichen Schweine entpuppen sich als Pelikane. Und selbst Besucher mit schlechtem Geruchssinn dürften bemerken, wie intensiv es bei den Pinguinen nach Fisch riecht. Welche Tiere die Besucher auf der Tour entdecken, hängt von der Jahreszeit, der Uhrzeit und von den geschulten Guides ab, die natürlich lohnende Gehege auswählen. Höhepunkte sind zweifellos die Tierhäuser, die zwar erst aufgesperrt werden müssen, dafür aber dann endgültig ein wenig safarihafte Eindrücke liefern: Nachts gilt zwar für alle Katzen, dass sie grau sind, aber die tief und friedlich schlafenden Löwen oder Tiger in der Dunkelheit zu erspähen verursacht doch ein kleines Entdeckergefühl. Und Elefanten sind zweifellos immer, nachts aber einfach anders grau, wenn sie in Seelenruhe durch ihr Gehege schlendern oder vor sich hin dösen und eine leise Serengeti-Sehnsucht entfachen.

Gleich beim Parkplatz P2 sorgt das Gasthaus Siebenbrunn für alle, die nach dem Zoobesuch nicht mehr lange laufen wollen, die Appetit auf bayerisch-schwäbische Küche und Lust auf ein Getränk im Biergarten oder in der großzügigen Gaststube haben.

Siebenbrunner Str. 5, 81543 München, tgl. 11–22 Uhr,
gasthaus-siebenbrunn.de

MÜNCHNER UMLAND

Olympia-Regattastrecke, Dachauer Straße 35, 85764 Oberschleißheim,
www.leistungszentrum-muenchen.de,
Bus: Oberschleißheim Regattaanlange

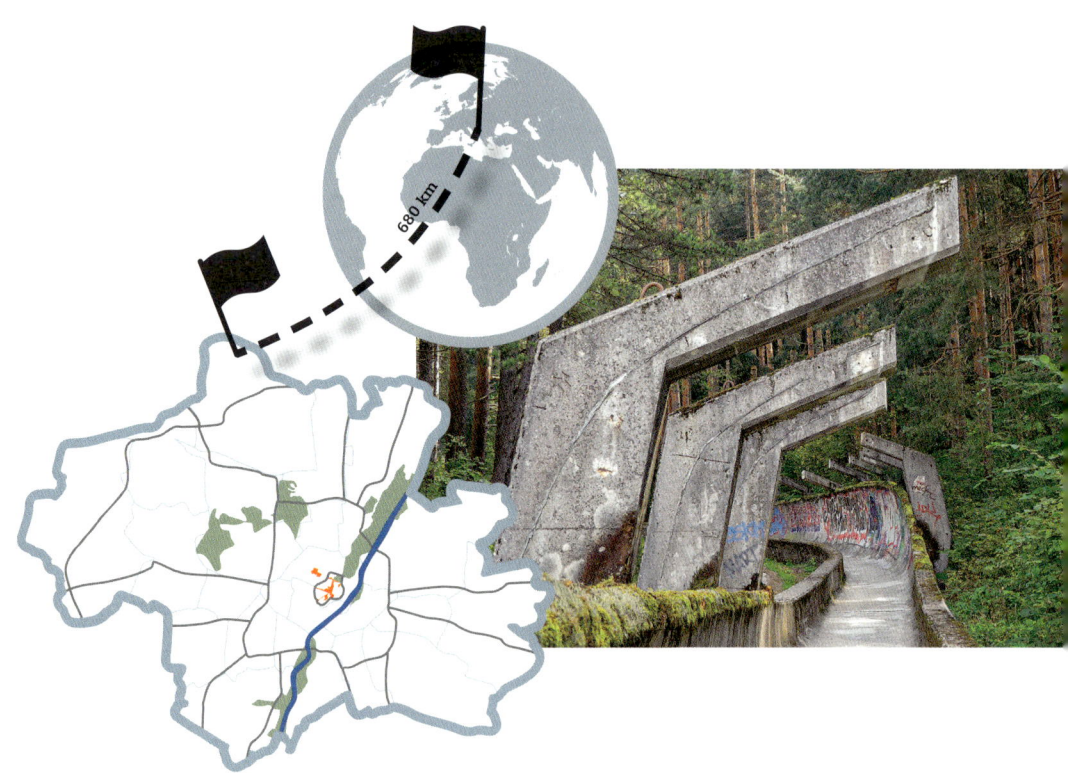

50 Regattastrecke
Sarajevo, Bosnien-Herzegowina

»Lost Places«, das sind halb eingestürzte Hochhäuser, die zwischen Gestrüpp und Schlingpflanzen versinken, oder verlassene Fabrikhallen mit zerborstenen Scheiben, durch die schummeriges Licht in gespenstische Leere fällt. Neuerdings begeistern sich immer mehr Autorinnen und Fotografen für diese »vergessenen Orte«. Ihre Reiseführer und Bildbände versprechen die letzten Abenteuer in einer Welt, die eben kaum noch Abenteuer zu bieten hat, weil fast jeder Quadratmeter auf ihr erschlossen wurde. Doch nicht jedes Projekt währt ewig, und nicht immer fließt frisches Geld. Dann nagt der Zahn der Zeit an Stein und Stahl, und die Natur erobert sich zurück, was einst ihr gehörte.

Rund 50 Jahre später haben sich auch auf der monumentalen Haupttribüne der ehemaligen Regattastrecke in Oberschleißheim neue Fans eingefunden: Goldruten und Birkenbäumchen sprießen zwischen den verwaisten Rängen, und aus den Fugen zwischen den Pflastersteinen ragen dicke Grasbüschel. Während der Olympischen Spiele 1972 jubelten hier Zehntausende Zuschauer ihren Helden auf dem Wasser zu, heute verwittern die Stadionstühle, und unter den Sitzreihen bröckelt der Beton. Ob das riesige Pultdach über der Tribüne wohl den nächsten Sturm übersteht? Den Zustand der Spannseile, die die Hauptlast der kühnen Konstruktion tragen, kann man nur erahnen. Ihr Stahl verbirgt sich hinter Verschalungen aus Holz, das ebenfalls fahl und morsch geworden ist. Ameisen und anderen Insekten gefällt das.

Ist die Regattastrecke in Oberschleißheim also auch ein »Lost Place«? Jein, denn noch immer ziehen Ruderer und Kajakfahrer auf dem riesigen, künstlichen See ihre Bahnen. Gesellschaft leisten ihnen Rennradler und Skater, die sich auf den kilometerlangen Asphaltpisten am Ufer auspowern. An warmen Tagen kommen auch viele Badegäste. Dass das alles möglich ist, grenzt an ein Wunder, denn jahrzehntelang wurde kein nennenswerter Betrag in den Erhalt der Anlage investiert. Erst nachdem sie unter Denkmalschutz fiel und die Vereine Alarm schlugen, wendete sich das Blatt: Jetzt wollen Politiker neun Millionen Euro in die Hand nehmen, um den Verfall zu bremsen. Ein Lichtblick oder nur ein Trostpflaster? Dazu hat hier jeder seine eigene Meinung.

Andere Olympia-Schauplätze auf der Welt hat es jedenfalls härter getroffen. Etwa jene rund um Sarajevo, dem Austragungsort der Winterspiele von 1984. Vor allem während des Bosnienkrieges wurden viele der ehemaligen Sportstätten stark beschädigt und waren sogar hart umkämpft. Allen voran die Bob- und Rodelbahn auf dem Trebevic, wo sich jahrelang die bosnisch-serbische Artillerie verschanzte. Heute winden sich ihre porösen Betonreste wie ein Dinosaurierskelett talwärts – überwuchert von Bäumen und mit Graffiti besprüht. Und immer wieder lockt der marode Charme dieses vergessenen Ortes Menschen an, die ihn erleben und fotografieren wollen. Ob man hier jemals so entspannt picknicken kann wie in Oberschleißheim, ist jedoch fraglich. Teile des Geländes, wird gemunkelt, sind immer noch vermint.

Mit Sand zwischen den Zehen, Lounge-Musik im Ohr und einem karibischen Cocktail in der Hand kann man im Munich Beach Resort den Sonnenuntergang über der Regattastrecke genießen.

Dachauer Str. 35, 85764 Oberschleißheim, Öffnungszeiten wetterabhängig (siehe Webseite), www.munichbeachresort.de

MÜNCHNER UMLAND

Karlsfelder See, 85757 Karlsfeld,
Bus: Karlsfeld Ostenstraße

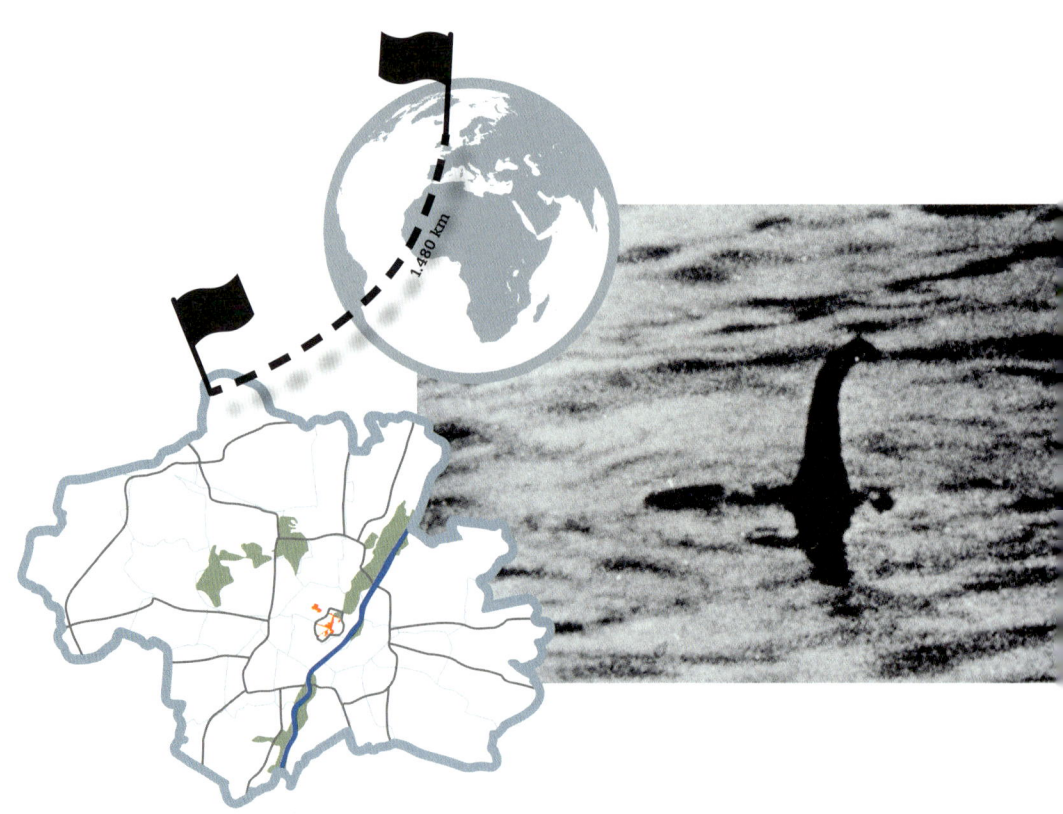

🔵51 Karlsfelder See
Loch Ness, Schottland

»Papa, da ist ein Monster im Wasser!« Solche oder ähnliche Ausrufe hört man im Sommer am Karlsfelder See immer wieder. Vor allem von Kindern, die schon gut schwimmen können und es bis hinüber zur Badeinsel geschafft haben. Aber der Reihe nach. Denn das erste Ungeheuer trieb schon Ende der 1960er-Jahre sein Unwesen im See. Und weitere folgten. Klingt gruselig? Ist es auch, ein kleines bisschen zumindest.

Um zu erfahren, was da im Karlsfelder See los ist und ob man sich Sorgen machen muss, fragt man am besten einen Experten. Alexander Habicht zum Beispiel, den Vorsitzenden des hiesigen Fischereivereins. Er kennt den einstigen Kiesweiher, der in den 1970er-Jahren zum Bade- und Freizeitsee umgestaltet wurde, seit frühester Kindheit – jede Bucht und jede Welle und natürlich auch jeden Fisch, der hier im Wasser schwimmt: »Karpfen, Forellen, Saiblinge, Renken, Aale, Hechte…« zählt er an zehn Fingern ab, und die reichen ihm gar nicht, denn es sind über 20 Arten. »Und dann haben wir noch unsere Welse«. Imposante Raubfische seien das, nicht wirklich exotisch, man könne sie auch in vielen anderen Gewässern antreffen. »Unser größtes Exemplar ist über zwei Meter groß.« Habicht sagt das so, als sei es das Normalste der Welt. Andere versetzen solche Dimensionen in Angst und Schrecken.

Noch dazu tummeln sich die lichtscheuen Riesenfische bevorzugt unter der auch bei Jugendlichen beliebten Badeinsel in der südlichen Seehälfte. Das liegt nicht zuletzt daran, dass es im gesamten Uferbereich des Sees kaum noch überhängende Büsche gibt, die den Tieren tagsüber Schutz und Schatten bieten. »Ich werde dann häufig angerufen und soll die Leute von der Insel retten«, erzählt der 51-Jährige und schüttelt den Kopf. »Oft wird auch behauptet, die Fische hätten es auf die Kinder abgesehen«. Unsinn sei das, sagt der Mann, der es wissen muss, weil er die Karlsfelder Welse eben schon seit Jahrzehnten beobachtet und als passionierter Angler auch immer wieder aus dem Wasser zieht. Wenn man ihre Brutplätze in den krautigen, seichten Uferbereichen in Ruhe lasse, seien sie harmlos und zurückhaltend: »Einen Angriff auf Menschen habe ich jedenfalls noch nie erlebt.«

Und so geht es bis heute auch allen anderen Badegästen. Die meisten, die hier planschen und schwimmen, bekommen die Welse ohnehin nie zu Gesicht. Obendrein gerät eine äußerst kuriose Geschichte, die sich vor über 50 Jahren in der Gemeinde zutrug, langsam in Vergessenheit: Im Jahr 1967 lebte in der Gegend ein Student, der sich ein Krokodil als Haustier zugelegt hatte. Emil taufte er sein Reptil, das zum erwachsenen Alligator heranwuchs und so zutraulich wurde, dass er es an der Leinen führen und überall mit hinnehmen konnte. Auch zum Baden … genau, an den Karlsfelder See! Eines Tages kam es, wie es kommen musste: Emil tauchte ab – und nie wieder auf. Die vergebliche Suche nach dem ausgebüxten Tier, machte damals Schlagzeilen. Und so traute sich eine Zeit lang kein Badegast mehr ins Wasser – aus Furcht, in den Tiefen des Karlsfelder Sees könnte noch immer ein Ungeheuer lauern.

Schwimmen macht hungrig! Köstliche Kalorien kann man in der griechischen Wohlfühltaverne To Steki tanken, direkt an der B304. Mit kleiner, geschützter Außenterrasse. Achtung, nur Barzahlung!

Münchner Str. 196, 85757 Karlsfeld, Mo–Sa 11–14, 17–22 Uhr, Tel. 081 31/35 20 99

MÜNCHNER UMLAND

Wasserskipark Aschheim, Am Eventpark 30, 85609 Aschheim,
www.wasserskipark-aschheim.de,
Bus Aschheim, Uhlandstraße

❺❷ Aschheimer See
Vadhoo, Malediven

»Drei, zwo, eins – und los!« Erst surrt es, dann spannt sich blitzschnell das Drahtseil. Mit aller Kraft klammert sich Leon an den Griff des Schlepplifts, gleitet ein paar Meter auf dem Wakeboard übers Wasser ... und platsch! ... kippt er nach hinten um. Die spritzige Heckwelle verschluckt den Körper des Elfjährigen. Als er wieder auftaucht, hustet er kurz und krault dann mit enttäuschter Miene zurück an Land. »War doch schon suuuper!«, empfängt ihn seine Mutter, die wie versprochen alles auf Video festgehalten hat.

Wie Leon geht es im Wasserskipark Aschheim vielen. Vor allem, wenn sie sich noch etwas abseits am Westufer der Anlage tummeln. Pfeile mit der Aufschrift »Easy Start« säumen den Trampelpfad, der zum Übungslift führt und dem alle folgen, die sich hier zum ersten Mal auf die Bretter wagen wollen. Hoffnung, dass man dabei auch einigermaßen trocken bleiben und sogar Spaß haben kann, machen die Könner, die im Parcours gleich nebenan trainieren. Lässig drehen sie in der Mitte des petrolblauen Baggersees ihre Runden – unter ihnen auch echte Sportskanonen, die immer wieder mit spektakulären Sprüngen, Drehungen und anderen Kunststücken beeindrucken. Die Schwerkraft austricksen können sie freilich nur mithilfe der riesigen Umlaufseilbahn, die an fünf Stahlmasten hängt und die Fahrer wie ein Kettenkarussel in endlosen Schleifen über den See trägt. Wasserskizirkus nennt man das dann wohl.

Kurz nach 17 Uhr wird es allmählich voller. Kein Wölkchen trübt den blauen Himmel, und am Kassenhäuschen und an den Startrampen haben sich lange Schlangen gebildet. Gut besucht ist jetzt auch der Eingangsbereich der Anlage – ein Biergarten mit karibischem Flair, der an die Terrasse eines Clubhotels erinnert: Schon am Tor werden Gäste von mannshohen Dattelpalmen begrüßt, rundherum erstreckt sich ein kleiner Strand mit winziger Badebucht, in der man zwar nicht schwimmen, aber immerhin ein wenig planschen kann. Snacks und Getränke gibt's an einem mit Bast geschmückten Kiosk. Vielen, die sich jetzt hier in der Sonne aalen und an ihren Cocktails schlürfen, reicht das alles schon. Sie wollen nach Feierabend einfach nur das schöne Wetter, die Exotik des Ortes und ein wenig Sand unter den Füßen genießen. Den vorbeiziehenden Wakeboardern winkt man aus der Ferne zu.

Auch Leon macht Schluss für heute. Am Strand haben er und seine Mutter eine der begehrten Liegen in der ersten Reihe am Wasser ergattert. Beide knabbern an ihrem Eis und sehen sich noch einmal die Video-Ausbeute des Tages an. Leon greift sich stöhnend an den Kopf – gar nicht so einfach, das mit der Körperspannung! Doch dann kann auch er sich ein lautes Lachen nicht verkneifen. Wie lange es wohl noch dauert, bis er so kunstvoll wie die Profis übers Wasser gleitet? Egal, die Sommerferien haben gerade erst begonnen – und der Wasserskipark liegt ja gleich um die Ecke.

Wer seinen Cluburlaub in Aschheim verlängern möchte: Das »Roberto Beach« neben dem Wasserskipark lockt mit noch mehr Strand- und Sommerspaß. Rund um die Bar im Außenbereich werden Burger, Pizza und Cocktails serviert.

Am Eventpark 20, 85609 Aschheim, Mo–So 10–24 Uhr (wetterabhängig), Küche Mo–So ab 17, Sa/So ab 12 Uhr, www.robertobeach.de

MÜNCHNER UMLAND

Bavaria Filmstadt, Bavariafilmplatz 7, 82031 Grünwald,
www.filmstadt.de,
Tram: Bavariafilmplatz

⑤③ Bavaria Filmstadt
Universal Studios, Hollywood

In den USA, so heißt es, ist alles größer. Ob das stimmt, sei mal dahingestellt, fest steht aber, Los Angeles hat im Stadtgebiet 3,9 Millionen Einwohner auf 1 300 Quadratmetern und München 1,5 Millionen Einwohner auf 310 Quadratmetern. Und die Universal Studios sind viel größer als die Bavaria Filmstudios, viel üppiger ausgestattet – dafür ist der Eintrittspreis auch happiger – und eher eine Mischung aus Filmstudio und Disneyland. Mit Achterbahnen, Jurassic-World-Wildwasserbahn, Kingkong-3D-Experience, einer überaus detailreichen Harry-Potter-Welt, jeder Menge Shows, Action, Explosionen, Shops sowie einer Vielzahl an Restaurants und Snackbuden.

Trotzdem: Um einen Blick hinter die Kulissen, vor allem auch einen Blick auf die Kulissen von Filmproduktionen zu werfen, muss man nicht gleich nach L. A. reisen, sondern kann auch einen Ausflug in die Bavaria Filmstudios machen. Der Kulissenblick funktioniert hier vielleicht sogar besser, weil nicht Fahrgeschäfte, Shops und Foodstände von der Kunstform Film ablenken, um die es beim Besuch solcher Studios eigentlich gehen sollte. Bei der Tour stoßen Besucher jeden Alters auf vertraute Szenerien: Viele Ältere haben als Jugendliche oder junge Erwachsene »Das Boot« gesehen, jetzt führt die Tour durch das U-Boot, in dem unter anderem gedreht wurde. Junge Leute und junggebliebene Erwachsene freuen sich vielleicht, der Lokomotive Emma aus der Verfilmung von Michael Endes Kinderroman »Jim Knopf« zu begegnen, über die Kulissen zu »Asterix und Obelix« oder »Wickie und die starken Männer« und das Klassenzimmer aus »Fack ju Göhte«.

Fazit des Besuchs: Alles ist zwar viele Nummern kleiner als in den USA, aber in die Welt hineinschnuppern, in der Geschichten erzählt, Träume verwirklicht, Heldinnen und Schurken, Weltenretter und Bösewichte ihr Leinwanddasein leben, können Filmfans auch hier, fehlende Achterbahnen hin oder her. Bemerkenswert ist überdies, welch illustre Ansammlung US-amerikanischer Filmgrößen, Diven und Stars hier schon gedreht hat, von Sophia Loren, Liz Taylor und Richard Burton über Robin Williams und Dustin Hoffmann bis zu Drew Barrymore und Samuel L. Jackson. So gesehen ist die Bavaria Filmstadt zwar nicht Hollywood, dafür war Hollywood schon oft zu Gast in der Bavaria Filmstadt.

Luftlinie ist die Institution Waldwirtschaft, kurz Wawi, nur halb so weit weg, aber weil die nächste Isarbrücke ein ganzes Stück nördlich liegt, ist es für Unmotorisierte dann doch ein Spaziergang von drei Kilometern. Das Ziel lohnt aber: im Sommer mit schönem Biergarten und Jazz-Livemusik, ganzjährig mit gutbürgerlich-bayerischer Speisekarte, auf der viele Fleischgerichte stehen.

Georg-Kalb-Straße 3, 82049 Pullach bei München, tgl. 10–22.30 (Küche 21.30) Uhr, www.waldwirtschaft.de

MÜNCHNER UMLAND

Ickinger Weiher, 82544 Egling,
S-Bahn: Icking

54 Isarauen
Atna, Norwegen

Großzügige Stein- und Kiesbänke, üppige Ufervegetation, weit und breit kein Haus, dafür Wald bis zum Horizont, ein bei Sonne grünblau leuchtender, breiter Fluss, und weit in der Ferne die Berge. Könnte Norwegen sein, sind aber die Flusslandschaften südlich von München. Zwischen Icking und Wolfratshausen, dort, wo Loisach und Isar zusammentreffen, ist die Natur besonders schön, besonders wild und ursprünglich. Sogar »besonders norwegisch« kann man hier gelten lassen. Der Riemerschmidpark, dessen zahm klingender Name täuscht, beeindruckt mit urwüchsigem Wald und Steilhängen: Von Aussichtspunkten aus überblickt man die beiden ineinander verschlungenen Flüsse und schaut über das Baumwipfelmeer hinweg bis zu den Alpen. Etwas nördlich des Riemerschmidparks liegt dann der Ickinger Weiher. Der ist so schön einsam und waldumkränzt, dass er auch in Skandinavien liegen könnte.

Bisweilen wird er Eisweiher genannt, was sogar kalt genug für Nordnorwegen klingt, brrh! Aber, gute Nachricht für alle Badefreunde, der heißt nur so. Im Sommer wird er, anders als alle nordnorwegischen Seen, schön warm. Und nicht nur der Vollständigkeit, sondern auch wieder Norwegen halber sei noch erwähnt, dass der Eisweiher bei FKK-Anhängern beliebt ist. Die Norweger haben zu Freikörperkultur mindestens ein so entspanntes Verhältnis wie die Deutschen und viele offizielle Nacktbadestrände.

Und apropos Kultur: Der norwegische Dramatiker Henrik Ibsen war es, der schon Mitte des 19. Jahrhunderts einen Begriff für einen damals wie heute wichtigen Teil des norwegischen Lebensstil prägte: »Friluftsliv« (Freiluftleben). Es beinhaltet aber viel mehr als nur draußen zu sein, sondern heißt, sich im Einklang mit der Natur und mit sich selbst zu fühlen, zur Ruhe und in Bewegung zu kommen und gleichzeitig frische Luft zu atmen, das Erleben zu genießen. Egal bei welchem Wetter! In den Isarauen südlich von München geht »Friluftsliv« wunderbar – im Sommer sowieso und an kalten Tagen einfach mit einem Norwegerpullover für noch mehr Skandinavien-Gefühle.

Die Aumühle liegt idyllisch im Grünen mitten in der Pupplinger Au und serviert hervorragende Fische aus eigener Zucht, außerdem Kaffee und Kuchen. Mit lauschigem Biergarten und Hofladen für frischen und geräucherten Fisch zum Mitnehmen.

Aumühle 7, 82544 Egling, Mai–Okt. Do–Sa 9–12 und 13–18, So 10–12 und 13–18, Nov.–April Do–Sa 9–12 und 13–17 Uhr, www.fischzucht-aumuehle.de

MÜNCHNER UMLAND

Bayern-Kamele, Rosenheimerstr. 4, 83626 Valley,
www.bayern-kamele.de

⓪ Mangfalltal
Wüste Gobi, Mongolei

»Schau mal da, ein Dromedar!«, freut sich der Laie und zeigt auf ein Trampeltier. »Du Hirsch«, echauffiert sich der Fachmann und belehrt ihn eines Besseren. Fairerweise muss man hier gleich einhaken und klarstellen, dass das mit den Kamelen wirklich ein wenig verwirrend ist.

Wer bis zwei zählen kann, hat aber schon die erste Hürde genommen: Das Dromedar hat nämlich nur einen Höcker und ist vor allem in Nordafrika, auf der arabischen Halbinsel und in Teilen Vorderasiens verbreitet. Trampeltiere wiederum schleppen gleich zwei dicke Buckel auf dem Rücken mit sich herum – können darin aber auch die doppelte Menge an Fett speichern. Zudem sieht ihr Fell zur kalten Jahreszeit wie ein zotteliger Pelzmantel aus, denn ursprünglich stammen die Tiere aus Zentralasien, wo es im Winter oft bitterkalt wird. Und Kamele? So nennt sich die Säugetierfamilie, der sowohl Dromedare als auch Trampeltiere zugerechnet werden. Lamas und Alpakas aber ebenso! Wäre ja sonst auch zu einfach gewesen.

Doch wen kümmert all das, wenn man locker vom Höcker auf einem knuffigen Wüstenschiff durchs Mangfalltal schaukelt. Angeboten werden die rund anderthalbstündigen Touren vom Kamelhof in Grub nordöstlich von Holzkirchen. Besucher werden hier natürlich mit einem herzlichen »Servus Aleikum!« begrüßt. Dann geht's auf schmalen Pfaden über Stock und Stein durch Wiesen und Wälder – Tier an Tier, wie in einer echten Karawane.

Seit fast 30 Jahren gibt es den exotischen Kamelhof jetzt schon. Doch noch immer staunen die Kühe auf den Nachbarweiden nicht schlecht, wenn Ali, Hassan, Karim und seine Trampeltier-Kollegen mal wieder mit ihren Reitgästen an ihnen vorbeistapfen. Die weiten, von Hochgebirge gesäumten Steppen der Mongolei muss man sich beim Ausritt in Gedanken ausmalen, oder – noch besser – man genießt einfach die umwerfende oberbayerische Alpenkulisse.

Im Bilderbuchbiergarten des Ayinger Bräustüberls kann man sich vor oder nach dem Kamelausritt stärken: Brezn, Pommes & Co. gibt's an der SB-Theke, feine bayerische Küche wird im Restaurantbereich serviert.

Münchener Straße 2, 85653 Aying, im Sommer tgl. ab 10 Uhr, warme Küche: 11.30–21 Uhr, www.ayinger-braeustueberl.de

BILDNACHWEIS

Bildnachweis

Titelbild (St. Maximilian): Getty Images: C. Gosselin

A. Achmann 24 | Alamy: Wirestock 27 | Anatolia Hamam München 175 | AWL Images: C. Unger 176, C. Davitt 119 | Bayern Kamele 221 | Getty Images: Baac3nes 216, I. Keribar 174, imageBROKER/M. Bail 136, M. Ruegner 217, M. Silvan 26, Photodisc/W. J Boch 88, Stone/F. Herholdt 196, The Image Bank 86 | Huber images: T. Bierbaum 140, J. Banks 38, M. Brunner 144, R. Schmid 5, 42, 68, 198, 168, 213, 214 | imago images: J. Peral 34, r.harding 18, S. M Prager 31, 172, 218, Karo 194 | istock: 164 | Jones American Diner: 84 | laif: C. Kerber 32, D. Schmid 178, Fautre 82, Finger/Hagemann 212, H. Müller-Elsner 100, J. Schwarz 182, Martin 58, MATTES R./hemis 55, T. Linkel 43 | lookphotos: S. Aumiller 108 | mauritius images: A. Michael 96, Aitormmfoto 62, B. Protzel 7, C. Holt/Alamy 192, Chromorange 150, D. Reiter 131, G. Jakuš/Alamy 123, Hemis.fr 30, J. Kuchlbauer 156, J.Kellerman 78, L. Fumi 15, M. Bail/imageBROKER 83, 120, 189, M. Breuer 56, M. Siepmann 80, M.Dimova/Alamy 110, R. Marske/imageBROKER 204, r.harding 16, SZ Photo Creative 63, 64, 155, 209, 210, T. Moye/Alamy 166, V. Pomortzeff 47, V. Preusser 14, Westend61 202 | picture alliance/dpa: D. Gohlke 104, P. Kneffel 59, 107, 190, S. Hoppe 167, 197, SZ Photo/R. Haas 90, 147, C. Koenig 8, DUMONT Bildarchiv 95, J. Hoelzl 193, Newscom 87, SZ Photo 79, 112, SvenSimon 143, SZ Photo/A. Schellnegger 60, 152, 201, SZ Photo/C. Hess 115, 116, SZ Photo/C. Schunk 103, 222, SZ Photo/F. Peljak 151, SZ Photo/S. Gabriel 185, SZ Photo/S. Rumpf 132, 179, 186, Zoonar 200, Tass Zhuravlev 54 | plainpicture 40, 148 | Shutterstock: 2017 FooTToo 99, 2019 givaga 106, A. F. Kazmierski 138, A. Kru 89, Alizada St. 124, artem evdokimov 6, B. Marty 22, badahos 188, byvalet 19, Casperintown 50, ChameleonsEye 162, chanchai duangdoosan 126, D. A Kudasov 180, D. Brugman 76, D. Grandi 135, estvanik 52, f11photo 10, footageclips 160, FooTToo 35, H. Santosa 117, I. Kruklitis 130, islavicek 205, J. Janina 146, J. Wackenhut 158, J.Kemminer 91, Japan Walker 98, Lukassek 11, M. Markovskiy 170, M. S. Glashchenko 163, M. Taliani de Marchio 142, M. Cobar 127, mezzotint 184, muratart 51, ohrim 74, Ovchinnikova I. 114, P. Weishaar 20, pablopicasso 122, Pagaduan 66, posztos 28, S. Ettmer 67, S. Pavone 154, Spacetime 70, struvictory 134, tichr 48, trabantos 75, TripWalkers 94, W. Santos de Almeida 36, Wackenberg 39, Wirestock Creators 72, Zyankarlo 44 | stock.adobe.com: A. Prott 71, Adamus 171, D. Rukhlenko 181, F. Wagner 220, franke 182 111, lazyllama 102, Mediamag 9, N. Schuchardt 128, nedomacki 2, N.Malyna 208, SusaZoom 159, zefart 45, zwehren 139, Havrilex 206 | unsplash: L. Alves 3 | V. Kretschmer 23

Die einzelnen Kapitel stammen von

Gundi Herget: 3, 4, 6–8, 10, 15–17, 19, 21, 22, 25, 28, 33, 39, 40, 42–44, 47–49, 53, 54
Jens van Rooij: 1, 2, 5, 9, 11–14, 18, 20, 23, 24, 26, 27, 29–32, 34–38, 41, 45, 46, 50–52, 55

IMPRESSUM

© 2022 GRÄFE UND UNZER VERLAG GmbH,
Postfach 860366, 81630 München

HOLIDAY

HOLIDAY ist eine eingetragene Marke der
GRÄFE UND UNZER VERLAG GmbH

978-3-8342-3343-1

1. Auflage 2022

Alle Rechte vorbehalten. Nachdruck, auch auszugsweise, sowie Verbreitung durch Film, Funk, Fernsehen und Internet, durch fotomechanische Wiedergabe, Tonträger und Datenverarbeitungssysteme jeglicher Art nur mit schriftlicher Genehmigung des Verlags.

Autor*innen: Gundi Herget, Jens van Rooij
Redaktion und Projektmanagement: Wilhelm Klemm
Lektorat: Renate Nöldeke
Layout, Umschlag und Satz: Carolin Weidemann, weidemannDESIGN, Köln
Bildredaktion: Nafsika Mylona, Nora Goth
Schlusskorrektur: Ulla Thomsen
Herstellung: Gloria Schlayer
Repro: Ludwig media, Zell am See
Druck und Bindung: Firmengruppe Appl, aprinta Druck, Wemding

Ansprechpartner für den Anzeigenverkauf:
KV Kommunalverlag GmbH & Co. KG, MediaCenter
München, Tel. 089/928 09 60

Leserservice
GRÄFE UND UNZER Verlag
Grillparzerstraße 12
81675 München
www.graefe-und-unzer.de

Ein Unternehmen der
GANSKE VERLAGSGRUPPE

Umwelthinweis
Nachhaltigkeit ist uns sehr wichtig. Der Rohstoff Papier ist in der Buchproduktion hierfür von entscheidender Bedeutung. Daher ist dieses Buch auf PEFC-zertifiziertem Papier gedruckt. PEFC garantiert, dass ökologische, soziale und ökonomische Aspekte in der Verarbeitungskette unabhängig überwacht werden und lückenlos nachvollziehbar sind.